나를 찾아 떠나는
자존감

- 오늘도 흔들리는 나를 위로하는 시간 -

김진녀 지음

위즈덤랩

머 리 말

사람은 누구나 행복하게 살기를 원한다. 행복은 사람 안에 내재된 보편적인 열망이라고 할 수 있다. 사람들이 부와 명예, 출세, 높은 학력, 좋은 직장 등을 끊임없이 추구하는 이유는 이러한 조건들이 자신을 행복하게 해 줄 수 있다는 생각 때문일 것이다. 그러나 그런 외부적인 조건들은 사람에게 어느 정도 행복하다는 생각을 하도록 할 수는 있지만 그리 오래 가지 않는다. 사람은 자신이 찾은 행복이 완전하지 않다고 생각이 들면 부족함을 느끼고 더 나은 조건을 향해 달려가게 된다. 사람은 도전이라는 유전자를 가지고 있기 때문에 외부적인 성공을 모두 이루었다고 해도, 잠시 행복은 느낄 수 있어도 지속적으로 행복하게 만들지는 못한다.

사람이 진정으로 행복하기 위해서는 외부적인 조건보다는 내면에서 자신의 가치를 인정하고 스스로 존중할 수 있는 마음을 가져야 한다. 이러한 생각을 바탕으로 자신이 정말 괜찮은 사람임을 느낄 때 외부조건에 관계없이 행복한 삶을 누릴 수 있다. 자신의 가치를 인정하고 스스로 존중하는 마음을 자존감이라 한다. 결국 사람이 인생을 행복하게 살기 위해서는 자존감(self-esteem)의 증진이 무엇보다 중요하다고 할 수 있다.

우리 주변에는 낮은 자존감으로 인하여, 행복은 고사하고 심리적으로나 정서적으로 힘든 삶을 사는 사람들이 의외로 많다. 자존감이 낮은 사람들은 자기 자신에 대하여 늘 만족하지 못하고, 자신을 존중하지 못하여 스스로 무시하며, 심한 경우에는 자해하고, 자살로 이어진다. 그런가하면 타인에게 분노하고 폭력을 가하기도 하며, 극단적인 경우에는 살인까지 범하기도 한다. 또는 부모나 자녀를 괴롭히며, 학대하는 경우도 있다. 많은 사람들이 낮은 자존감으로 인하여 어려움을 당하고 있으며, 타인에게까지 그 피해를 주고 있다.

행복한 삶을 사는데 자존감이 중요하다는 사실은 사회 전반에 공유되어서, 이제는 누구나 자연스럽게 행복의 근원이라고 이야기한다. 자존감의 필요성으로 인해 자존감에 관련된 도서들도 많이 나오고, 정보들이 넘쳐나고 있다. 자존감에 대한 정보가 넘쳐 나고는 있지만 자존감을 둘러싼 잘못된 정보와 오해가 많으며, 자존감을 증진하기 위한 구체적인 프로그램을 찾기는 어려워 보인다.

이 책은 자녀의 자존감을 높이기 위하여 고민하는 부모들에게 실제적으로 도움이 되길 바라는 마음으로 집필하였지만 자존감을 높이기를 원하는 어떤 분들이라도 이 책이 도움이 되길 바란다.

지은이/글쓴이 김진녀

목 차

제1장
자존감이란 무엇인가?

01 I 자존감의 정의

  자존감(Self-regard)은 매우 평범한 단어임에도 불구하고 일관되고 보편성 있는 정의를 갖지 못한 개념이다. 우리나라의 국어사전을 보면 자존감(自尊感)이란 자아존중감(自我尊重感)의 약어로서 '스스로 품위를 지키고 자기를 존중하는 마음'이라고 하였다. 영어로는 자신을 스스로 존중하는 것으로 'self-esteem'이라고 한다.

  사람들은 자신에 대한 정보를 경험을 통해 점차 쌓아가면서 자신에 대해 알게 된다. 이 때 자신에 대한 정보들을 바탕으로 '나의 이런 점은 긍정적이다, 나의 이런 점은 부정적이다'와 같은 판단을 하고 평가한다. 우리가 우리 자신을 어떻게 바라보고 느끼는가 하는 것은 매우 주관적이고 개인적인 가치평가이다. 이는 자기 자신을 어떻게 알고 있는지가 자신에 대한 만족도를 결정하며, 더 나아가 이러한 만족도로 인해 앞으로의 문제나 상황에 대한 태도와 대처 행동이 달라진다. 따라서, 자존감은 객관적이고 중립적인 판단이라기보다 주관적인 느낌이기 때문에 보는 관점에 따라 정의가 다르다.
  인간이 자기 자신을 어떻게 이해하고 평가하느냐에 대해 오래 전부터 많은 연구가 진행되어 왔다.

  자존감이라는 개념은 1890년 미국의 의사이자 철학자인 윌리엄 제임스가 자신의 저서인 <심리학의 원리>라는 책에서 처음 소개했다. 그는 자존감의 정의를 "자신이 사랑받을 만한 가치가 있는 소중한 존재이고 어떤 목표든 이루어낼 수 있는 사람이라 믿는 마음"이라고 하였다. 자존감은 자신의 특징에 대해 만족하거나 불만족을 느끼면서 자신의 전반적인 면에 대해 평균적 느낌을 가지며 형성된다고 하였다. 그리고 자신이 중요하다고 생각하는 것을 성취하면 자존감은 높아질 것이라 주장하였다.

교육학의 아버지라 할 수 있는 미국의 교육학자이며 심리학자인 존 듀이는 "인간이 가진 본성 중 가장 깊은 욕망은 자신이 중요한 사람이라고 느끼고 싶은 욕망이다"라고 말했다. 즉 자존감은 사람이 가진 욕망 중에서 가장 강렬한 욕망이라는 것이다. 결국 사람은 자신이 중요하고 가치있는 존재라는 자존감이 충족되어야만 행복을 느낄 수 있는 것이다. 그에 의하면 자존감이 충족되지 않는 삶은 그만큼 행복하지 않다는 것이다.

윌리엄 제임스   존 듀이   에이브러햄 매슬로

1954년, 미국의 인본주의 심리학자인 에이브러햄 매슬로는 자존감을 내적 자존감과 외적 자존감으로 나누어 설명하였는데, 내적 자존감은 다른 정의들처럼 자신에 대한 평가를 의미하며, 외적 자존감은 타인이 나를 어떻게 생각하며 나에게 어떻게 반응하는가에 관련된 개념이라고 하였다.

1965년, 미국에서 자존감 척도를 개발한 사회학자 모리스 로젠버그는 자존감을 '자기만족과 자신의 태도에 대한 방향'이라고 정의하고, 자존감은 자기 성찰을 통해 자신의 의견이나 신념을 결정하는 기준이 된다고 하였다. 자존감의 형성은 자신의 경험과 그 경험을 평가하는 태도, 자신을 어떻게 인식하며, 삶의 전반적인 면에서 자신을 어떻게 평가하는지 등에 의해 구성이 된다고 하였다.

1967년, 미국의 교육자이자 심리학자인 마크 쿠퍼스미스는 자존감이란 "자신에게 하는 지속적인 평가로써 자신을 능력 있고, 의미 있고, 성공적이고, 가치 있다고 인식하는 정도"라고 정의하였다. 즉 한 개인이 스스로를 얼마나 가치 있는 존재로 생각하고 있느냐 하는 스스로의 판단이 자존감이라는 것이다. 그의 자존감에 대한 정의에는 자존감의 가치 의미와 자신의 능력에 대한 인식도 함께 갖고 있다.

모리스 로젠버그   마크 쿠퍼스미스

이와 같은 많은 학자들의 견해를 종합해 보면, 자존감이란 자신에 대해서 자신 스스로가 내리는 주관적 판단 또는 느낌을 가리킨다. 자존감의 형성은 일반적으로 사회 환경을 통해 자신의 경험을 긍정적으로 혹은 부정적으로 느끼는 마음의 태도로 인식하고 있다.

따라서, 자존감이란 자신을 사랑하고 가치 있게 느끼며 자기 자신에 대하여 유능하고 능력 있는 존재로 여기는 생각이라고 정의할 수 있다.

02 | 자존감의 특징

자신을 사랑하고 가치 있게 느끼는 자존감은 사람의 인생에 있어서 행복과 불행을 결정하는 중요한 요인으로 작용한다. 자존감은 인간의 내적 본성이기도 하며, 인간 행동의 동인이며, 기본적인 가치로 인정하고 있다. 따라서 자존감이 높으면 모든 일을 수행하는데 있어서 긍정적인 자세로 임하며, 좋은 결과를 가져오기 때문에, 행복한 삶을 살게 해주는 원동력이 된다. 그리고 자존감은 우리의 마음에 자신감, 희망, 격려, 용기, 열의를 불러 일으켜 인생을 살아가는 동안 마음이 풍요로운 행복한 삶을 살게 해준다.

자존감이 높은 사람들의 특징은 매우 다양하지만 일반적으로 다음과 같은 특징을 보인다.

가. 자신감

자존감이 높으면 외부에서 주어지는 자극에 대하여 긍정적이거나 부정적인 것에 큰 영향을 받지 않는다. 따라서 자존감이 높으면 외부의 부정적인 영향에 힘들어 하거나, 실패에 대한 두려움이 적기 때문에 자신감이 높은 편이다. 자신감을 가지면 매사에 활력이 있어 보이며, 사람들에게 믿음을 갖게 한다.

나. 긍정적인 태도

자존감이 높은 사람들은 자신을 존중하고, 사랑하는 마음이 크기 때문에 모든 일에 대하여 긍정적으로 생각한다. 모든 일을 좋게 보는 긍정적 생각은 행동이나 생활에도 영향을 주어, 모든 것을 긍정적으로 생각하게 하여 모든 것이 즐겁고 신나는 삶을 만들어 줌으로써, 결국은 인생을 긍정적으로 살아가게 한다.

다. 자기 효능감

자존감이 높은 사람들은 자신을 가치있고 능력있는 사람이라고 생각하기 때문에 자기효능감이 높다. 자기 효능감이란 자신의 능력과 상관없이 무엇이든 잘 할 수 있다는 생각을 말한다. 자기 효능감이 높으면 무엇이든 잘 할 수 있다는 생각에 도전해 보려는 마음이 생긴다. 따라서 자존감이 높으면 어떤 일이든 자신이 감당하지 못할 일은 없고, 현실에 대한 두려움을 넘어 노력하면 모두 잘 될 것이라는 생각을 갖기 때문에 도전 정신이 강하고 어떤 일이든 진심을 다해 최선을 다하게 된다.

라. 인내심

자존감이 높으면 어려운 일도 잘 견디며, 힘든 상황에서도 포기하지 않고 참는 인내심이 강한 편이다. 목표에 도달하지 못했을 때에도 쉽게 포기하지 않고 꾸준히 도전한다. 또한 자존감이 높은 사람들은 자신의 약점을 장점으로 만들며, 자신에 대해 긍정적이기 때문에 모든 일을 긍정적으로 판단하게 된다. 자신에 대한 비난이나 부정적인 반응을 너그럽게 받아들이며, 힘들고 어려운 일들도 조금만 견디면 금방 해결될 것이라고 긍정적인 생각으로 인내한다.

마. 독립심

자존감이 높은 사람들은 타인의 평가에 연연해하지 않고 자신과 타인을 있는 그대로 깊이 인정하고 이해하며 자신의 생각대로 세상을 살아가기 때문에 독립심이 강한 편이다. 독립심은 남에게 의지하지 아니하고 살아가려는 마음으로, 독립심이 높아지면 타인의 눈치를 보지도 않으며 다른 사람들과 자신을 분리할 줄 알게 된다. 결국 자존감이 높은 사람들은 타인에게 의지하지 않는 독립적인 삶을 살아간다.

바. 좋은 인간관계

자존감이 높은 사람들은 자신을 사랑하고 가치 있는 사람으로 생각하기 때문에 다른 사람을 관대하고 공정하게 대하며, 타인을 위협적인 존재라고 생각하지 않는다. 그리고 자존감이 높아지면 자신감도 높아지기 때문에 인간관계에서도 주도적으로 좋은 관계를 유지하려고 한다.

자존감이 높은 사람은 인간관계에서 자신은 물론 다른 사람들을 있는 그대로 받아들이며, 남의 말에 귀 기울여 들어주며, 상대방을 배려하는 마음을 갖고 있다. 그리고 의사소통 시에는 분명하게 자신의 감정과 의사를 표현하기 때문에 손해를 당하는 일이 적다.

사. 적절한 스트레스 해소

자존감이 높은 사람은 스스로 외부의 자극이나 환경에 의하여 스트레스를 받지 않는다. 외부의 자극과 환경이 어떤 상황이라고 해도 긍정적으로 생각하게 되며, 부정적인 경험이라고 해도 스트레스로 인식하지 않기 때문에 스트레스가 생기지 않는다. 그리고 자신이 정한 목표에 도달하지 못했을 때 생기는 스트레스와 불안감도 쉽게 통제하고 조절할 수 있게 된다. 따라서 자존감이 높으면 스트레스를 스스로 만들지 않기 때문에 생활이 즐겁고, 건강하게 살 수 있다.

03 l 자존감이 필요한 이유

　현대인들이 겪는 힘든 문제 중 하나가 바로 낮은 자존감이다. 자존감이 낮아지면 여러 가지 문제가 발생하는데, 때로는 사회적으로 큰 문제를 일으키기도 한다. 낮은 자존감은 질병과 같아서 처음에는 간단한 심리적인 문제로 시작하다 심해질수록 건강에 이상이 생기거나, 자신을 파괴하기도 한다. 심지어는 다른 사람에게 위해를 일으키기도 하는 위험한 질병이 되기도 한다. 자존감이 필요한 사례를 살펴보자.

가. 정신질환의 증가
　정신질환이란 사람의 사고, 감정, 행동 등에 영향을 미치는 병적인 정신상태를 말한다. 일반적으로 정신질환이라는 단어는 폭넓게 사용되는데 여기에는 조현병(정신분열증), 조울증, 신경증, 인격장애, 성적 장애, 집착증, 편집증, 알코올 의존증, 약물 의존증, 약물 남용, 급성 스트레스 반응, 부적응 반응, 기질장애, 지적장애 등이 포함된다.

건강보험심사평가원의 자료에 의하면 2019년 공황장애, 불안장애, 우울증, 조울증으로 진료받은 국내 환자는 총 170만 5,619명으로, 2014년 129만 4,225명에 비하면 31.8% 증가했다. 즉 정신질환 진료를 받는 사람이 해마다 꾸준히 늘고 있다는 것이다. 연령대별 정신질환 관련 환자 수는 60대 이상이 65만 654명으로 가장 많았으며 50대, 40대, 30대 순으로 그 뒤를 이었다. 특히 공황장애를 겪고 있는 60세 이상 인구는 2010년 7,495명에서 2019년 3만 9,284명으로 약 5배 증가했고, 우울증 관련 질환 환자는 19만 5,648명에서 30만 9,749명으로 2배 가까이 증가했다.

노인 인구 증가와 함께 절대적인 정신질환 환자 비율은 고령자가 높지만, 증가세는 20대가 가장 심각한 것으로 발표되었다. 2019년 진료 인원 중 20대는 20만 5,847명으로 2014년 10만 7,982명 대비 90.6% 증가했다. 20대 환자가 5년 동안 2배 가까이 증가했다는 의미이다. 그 뒤로는 10대(66%)와 30대(39.9%)가 높은 증가세를 보였다. 공황장애, 불안장애, 우울증, 조울증 등 정신질환 모두 20대 환자의 증가율이 높았다. 취업난을 비롯해 학업과 결혼, 대인관계 등으로 인한 스트레스가 가중된 것이 그 원인으로 풀이된다.

정신질환에 걸리면 심리적으로 고통은 물론 육체적 건강을 해치기도 하고, 범죄를 저지르거나 더 심할 경우 극단적인 선택을 하는 등 심각한 위험에 빠질 수도 있는데 이러한 세 가지 특징 중 최소한 하나 이상의 증상을 보인다. 정신질환에 따라 평생에 걸쳐 장애를 일으키기도 하며, 단편적이거나 일시적인 발병에 그치는 경우도 있다.

정신질환의 종류에 따라 원인은 상이하며, 원인 규명이 어려운 경우도 많다. 하지만 밝혀진 바에 의하면 선천적인 뇌 문제로 인한 생물학적 원인, 심리적 문제로 인한 심리적 원인, 사회활동에서 발생하는 사회적 원인으로 나눌 수 있다. 오늘날 정신질환이 증가하는 이유에도 여러 가지가 있지만, 특히 급변하는 세상에 적응하지 못하거나 사회생활에서 발생하는 과도한 스트레스로 인해 발생하는 경우가 많다. 결국 스트레스도 자존감이 낮을 때 나타나는 현상이기 때문에 자존감을 높이면 정신질환을 줄일 수 있다.

나. 자살률의 증가

통계청의 2020년 통계자료를 보면 우리나라는 2003년부터 2020년까지 OECD 34개 국가 중 자살 사망률 1위를 고수하고 있다. 이와 함께 통계청이 13세 이상 가구원 약 3만8000명을 대상으로 설문을 진행한 결과에 따르면, 전체 자살 충동 이유 중 가장 높은 비중을 차지한 것은 경제적 어려움(38.2%)이었고 질환·장애(19.0%), 외로움·고독(13.4%)이 그 뒤를 이었다. 남녀 모두 경제적 어려움, 질환·장애가 가장 큰 요인으로 작용했지만 다음으로 남자는 외로움·고독(12.9%), 여자는 가정불화(16.1%)가 주된 이유였다. 지난 1년 동안 한 번이라도 자살하고 싶다는 생각을 해 본 적이 있는 사람은 5.2%로, 2년 전보다 0.1% 포인트 증가했다.

통계청의 조사결과에 따르면, 경제적 어려움이 해결되고, 사회가 안정되고, 복지 및 여가 생활의 기회가 증가될수록 생계형 자살이 줄어들어야 한다. 그러나 우리 사회의 소외·취약 계층은 여전히 자살 고위험군으로 분류되고 있으며, 사회구조적 요인에 의한 자살이 꾸준히 발생하고 있다.

자살은 단순히 하나의 요인에 의해 즉각적으로 발생하기보다는 다양한 요인이 상호 복합적으로 작용해서 발생하는 것으로, 특히 우울증이나 정신적 스트레스 요인과 관련이 높다. 우울증이나 스트레스는 자존감이 낮을 때 나타나는 현상이기 때문에 자존감을 높이면 자살은 줄어들 수 있다.

다. 코로나 블루, 레드, 블랙 현상의 증가

코로나19가 1년 이상 지속됨으로 인해서 무력감을 느끼는 우울 ·불안 증상을 '코로나 블루'라고 하고, 코로나19로 공포와 분노감이 퍼지는 증상을 '코로나 레드'라 하며, 코로나19로 인해 우울감을 넘어 좌절, 절망, 암담함 등을 느끼는 증상을 '코로나 블랙'이라고 한다.

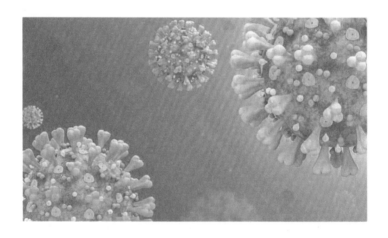

코로나 블루는 무기력함으로 다른 사람들과의 접촉이 줄고 나 홀로 고립된 것 같은 우울감에 빠지게 되어, 가슴 답답함, 불안감과 공허함, 소화불량, 불면증과 수면부족, 무기력감, 두근거림, 두통, 어지럼증, 이명, 식욕부진 등의 현상이 나타난다.

코로나 레드는 우울증을 넘어서 짜증과 분노를 주체하지 못하게 되어 폭력, 자해, 상해, 분노 폭발, 감정조절 불능 등의 현상이 나타난다.

코로나 블랙은 우울증과 우울감을 넘어 좌절, 절망, 암담함 등을 느끼는 증상 등의 현상이 나타난다.

코로나 블루, 레드, 블랙은 모두 의학적인 병명으로 분류되는 것은 아니고 일종의 심리적 증상으로 코로나19사태가 지속될수록 심화되고 있기 때문에 이에 대한 대응이 필요한 실정이다.

초기에 약한 우울증으로 시작하여 증상이 심해질수록 심리적으로 힘들어지고 코로나 블랙 단계가 되면 극단적 선택을 하는 경우도 있다. 코로나 블루, 레드, 블랙의 원인과 증상은 자존감과 관련이 매우 높다. 따라서 자존감을 높이게 되면 상황은 어려워도 우울증에 빠지지 않을 수 있으며, 폭력, 자해, 상해, 분노, 좌절, 절망 등을 줄일 수 있다.

라. 범죄 발생 증가

2019년 검찰청의 범죄분석 통계에 의하면 1년 동안 발생한 전체범죄 발생 건수는 1,611,906건으로 나타났다. 전체 범죄의 발생 건수는 2015년 이후 감소하다가 2018년 이후 다시 증가하고 있는 추세이며, 2019년도 전체 범죄 발생 건수도 2018년에 비하여 소폭 증가하였다.

2019년 범죄자 수는 175만 4,808명으로 남성이 136만 5천명이며, 여성은 36만 3천명으로 남성은 줄어드는 반면 여성 범죄자 수는 증가하고 있다. 주요 범죄유형 중 교통범죄 발생 건수는 전년대비 감소하는 추이를 보인 반면, 절도범죄와 지능범죄는 증가하였으며, 강력범죄와 폭력범죄는 큰 폭의 변화없이 유지되고 있다.

전체 범죄 중 성폭력범죄가 차지하는 비율은 2019년에 전체 범죄의 2%에 이르러 계속 증가추세이며, 2009년에 1만 여 건에 불과하였던 것이 2019년에는 무려 2만 3천 건으로 증가하였다. 이는 하루에 63건, 한 시간에 5.3건이 발생하고 있는 것이다. 성폭력범죄의 증가율은 성폭력에 대한 국민과 사회적 인식의 변화로 신고율이 높아진 것이 원인일 수도 있으나, 실제 성폭력 사건이 증가하는 것으로 볼 수도 있음을 인식하고 특별한 관심을 가져야 하는 부분이다. 성폭력범죄의 초범율은 38.4%, 재범율 61.6%로 전체 범죄의 초범율 26.1%, 재범율 46.7%에 비하여 재범율이 높은 것으로 나타났다. 이는 성폭력사범에 대한 체계적인 교육과 출소 후 관리에 문제가 있음을 시사하고 있다.

범죄가 발생하는 이유는 여러 가지가 있지만 그중에서 가장 중요한 것은 떨어지는 자존감 때문에 타인에게 피해를 일으키게 되는 것이다. 따라서 자존감을 높이게 되면 자신의 가치를 높게 생각하기 때문에 상대방에게 피해를 입히는 범죄를 줄일 수 있다.

04 | 자존감이 낮으면 찾아오는 불청객

우리를 괴롭히는 모든 심리적인 문제의 시작은 자존감이 낮아지는데서 시작하는 경우가 많다. 자존감이 낮아지면 놀랄 만큼 다양한 문제 현상이 나타난다.

- 자신의 실수를 받아들이지 못하고 심한 자책감에 빠진다.
- 남들은 관심도 없는 자신만이 알고 있는 약점을 남들에게 노출되지 않게 하려고 고민하게 된다.
- 다른 사람에 비하여 자기의 능력이 뒤떨어졌다거나 부족하다고 스스로를 평가절하 한다.
- 합리적이거나 이성적인 사고가 불가능해지면서 불안 심리를 동반한 이상행동을 보이게 된다.
- 자기에게는 능력이 없다고 생각하는 만성적인 열등감을 느낀다.
- 별일 아닌데도 쉽게 포기하게 된다.
- 자신의 가치를 한없이 낮게 평가하게 되어 우울증에 빠지게 된다.
- 경쟁에서 자기는 항상 실패할 거라는 생각에 사로잡혀 일상생활을 패배와 실패로 이끈다.
- 경우에 따라서 죄책감을 심하게 느끼기도 한다.
- 평소에 하지 않던 자신에 대한 허풍이나 과장을 하게 된다.
- 남을 비판하고 자기합리화를 한다.
- 자신이 불쌍하면서도 밉고 싫어진다.
- 수줍음과 소심함을 느끼기도 한다.
- 상황에 어떻게 대처해야 할지 몰라 절망에 빠지게 된다.
- 자신이 한 없이 초라해지고, 자신에 대한 분노감을 느끼게 된다.
- 육체적으로도 가슴이 두근거리는 스트레스를 받게 된다.
- 심한 좌절감으로 급격하게 무기력해지면서 피로감을 느끼게 된다.

- 부정적인 생각이 가득해지면 온 몸이 아프게 되는 결과를 가져온다.
- 사람들을 기피하면서 대인관계를 파괴시키고 결국 깊은 함정으로 자신을 몰아가게 된다.
- 자존감이 심각하게 훼손되면 남을 폭행을 하기도 한다.
- 심한 좌절은 약물이나 흡연과 같은 중독을 가져온다.
- 섭식장애를 경험하기도 한다.
- 심하면 극단적인 선택을 하기도 한다.

05 I 자존감 수준을 높여야 한다

자존감은 자신의 생각과 타인의 평가를 반영하여 자신의 가치에 대해 내리는 스스로의 주관적 평가라고 볼 수 있다. 자존감 수준은 자기에 대한 가치를 높게 여기는지, 낮게 여기는지를 구분하는 개념을 말한다. 예를 들어 높은 자존감을 가진 사람은 자신을 가치 있게 여기는 반면 낮은 자존감은 자신의 가치를 낮게 여기는 것을 말한다. 또한 자신의 자존감 수준이 높을수록 자신의 가치를 높게 여기는 것은 물론 행복한 삶을 살게 되고, 자존감 수준이 낮을수록 외부의 평가에 관계없이 자신의 가치를 한없이 낮게 여기는 것은 물론 우울하고, 불행한 삶을 살게 된다.

자존감 수준이 낮은 사람들은 어떤 경험에 대하여 비교적 공평하게 반응하는 편이다. 예를 들면 자신의 가치를 높이는 긍정적 경험에 대해서는 자존감이 높아지는 반응을 보이고, 자신의 가치를 떨어뜨리는 부정적 경험에 대해서는 자존감이 낮아지는 반응을 보이는 편이다.

자존감이 높은 사람들은 자신의 가치를 높이는 긍정적 경험에 대해서는 자신의 자존감이 더욱 높아지는 반응을 보이지만, 자신의 가치를 떨어뜨리는 부정적 경험에 대해서는 거부하거나 무시해 버려서 자존감의 수준에 대한 변화가 생기지 않는다. 따라서 자신의 가치를 높이는 긍정적 경험으로부터는 자신의 자존감을 키우는 반면, 자신의 가치를 떨어뜨리는 부정적 경험에는 덜 심각하게 반응하거나, 무시하는 태도를 보임으로 자존감의 수준에 변화가 생기지 않는다. 이처럼 부정적인 경험에 대하여 무시하거나 회피하는 것을 긍정적 착각이라고 하는데 이는 정신건강 및 적응에 도움이 된다는 연구가 진행되기도 했다.

연구 결과들을 보면 자신의 가치를 떨어뜨리는 부정적인 경험에 의해 상처를 입게 되었을 때, 자존감 수준이 낮은 사람들은 이로 인해 힘들어하고, 괴로워하는 경우가 많은 반면 자존감 수준이 높은 사람들의 경우 자신의 가치를 떨어뜨리는 부정적인 경험에 의해 상처를 입게 되었을 때, 자존감을 회복하기 위해 노력하는 회복탄력성이 높은 것으로 나타났다.

　또한 자존감의 수준은 자기중심적인 아동기에는 자존감의 수준이 높아지는 경향을 보이고, 청소년기가 되면 여러 가지 심리적인 이유기로 인해 자존감 수준이 낮아지는 경향을 보이다가, 자신의 개인적인 선택이 중요한 성인기에는 점차적으로 다시 상승하는 경향을 보이며, 여러 가지 분야에 상실감을 느끼는 노년기에는 자존감의 수준이 급격히 떨어지는 경향이 나타난다.

　한편, 자신의 상황보다 너무 높은 자존감 수준을 갖게 되어 불안정한 자존감을 갖게 되면 때로는 공격성이 나타나기도 한다. 예를 들어 자신의 가치를 떨어뜨리는 부정적 경험으로 자신의 자존감이 위협을 받게 되면 상대방을 비난하거나 공격하기도 한다.

07 l 자존감 안정성을 높여야 한다

자존감 안정성이란 단기간에 걸쳐 일어나는 자존감 수준의 변동폭을 말한다. 즉 자신의 자존감의 수준이 수시로 변화하는 정도를 말한다. 따라서 자존감의 변동 폭이 적은 사람들은 자존감 안정성이 높은 사람이고, 이들은 외부의 상황이나 경험에 대해서 자존감의 큰 변화가 없다. 자존감의 변동 폭이 많은 사람들은 자존감 안정성이 낮은 사람이고, 이들은 외부의 상황이나 경험이 긍정적일 때는 자존감을 유지하나, 부정적일 때는 비례하여 자존감이 떨어진다.

자존감은 환경에 의해 크게 영향을 받기 때문에 자존감 안정성에는 원하던 목표에 도달 또는 실패와 같은 상황적인 요인과, 주변 사람들의 칭찬이나 부정적 평가와 같은 주변적 요인이 있다. 자존감 안정성이 높은 사람들은 이러한 상황적인 요인과 주변적 요인에 상관없이 자존감의 변동 폭이 적은 편이나, 자존감 안정성이 낮은 사람들은 이러한 상황적인 요인과 주변적 요인에 영향을 받아 자존감의 변동 폭이 큰 편이다. 따라서 자존감 안정성이 높은 사람들의 공통된 특징은 자신에 대한 신뢰감이 강하고, 자신의 신념이 외부에 영향을 받지 않는 경우가 많다.

높은 자존감을 가졌어도 자존감의 변동 폭이 커 자존감 안정성이 낮은 사람들은 스스로 자신의 가치를 높다고 생각하는 긍정적인 자기감정을 가졌음에도 불구하고, 외부의 자극에 민감하게 반응하는 경향을 보인다. 반면에 높은 자존감을 가지고 자존감 안정성이 높은 사람들은 외부의 어떠한 자극에도 크게 변화가 일어나지 않는다.

제2장
자존감과 비슷한 용어

01 | 자존감과 비슷한 용어

자존감이라는 단어에 대해서 많은 오해가 있는 것은 자존감과 비슷한 용어들이 많기 때문이다. 자존감과 유사한 용어들은 자존감과 비슷한 면도 있지만 엄연히 차이가 존재한다.

자존감과 유사한 용어에는 자존심(自尊心), 자만심(自慢心), 자기효능감(自己效能感), 자부심(自負心), 자긍심(自矜心) 등이 있다. 이들 단어의 정확한 뜻을 알게 되면 우리가 평소에 알고 있었던 자존감에 대한 잘못된 오해가 풀리게 될 것이다.

<표 2-1> 자존감과 비슷한 용어

구분	내용
자존심(自尊心)	남에게 굽힘이 없이 자기 스스로 높은 품위를 지키는 마음을 말한다.
자만심(自慢心)	자신이나 자신과 관련 있는 것을 스스로 자랑하며 뽐내는 마음을 말한다.
자기효능감 (自己效能感)	자신이 어떤 일을 성공적으로 수행할 수 있는 능력이 있다고 믿는 기대와 신념을 말한다.
자부심(自負心)	자기 자신 또는 자기와 관련되어 있는 것에 대하여 스스로 그 가치나 능력을 믿고 당당히 여기는 마음을 말한다.
자긍심(自矜心)	자신 스스로 자신의 능력을 믿음으로써 가지는 당당한 마음을 갖는 것을 말한다.
자애심(自愛心)	자기를 사랑하는 마음을 말한다.

02 Ⅰ 자존심(自尊心)

자존감과 가장 많이 혼용하여 사용하는 것이 바로 자존심이다. 일부 국어사전에서는 자존감을 다른 말로 자존심이라고 표현하고 있으나 이는 잘못된 표현이다. 자존심에 대한 사전적인 의미를 보면 남에게 굽히지 아니하고 자신의 품위를 스스로 지키는 마음이라고 되어 있다.

자존감과 자존심의 공통점은 자신에 대해서 존중하고, 긍정적이라는 공통점이 있다.

차이점은 자존감은 자신을 스스로 사랑하고 가치 있게 느끼고 있는 그대로의 모습에 대한 긍정을 뜻하는 것으로 자신에 대해서 긍정적인 감정을 갖기 때문에 외부의 인정에 상관없이 자신 뿐만 아니라 타인에 대해서도 긍정적으로 보게 된다. 즉 자존감은 다른 사람과 관계없이 자신의 내부의 성숙된 사고와 가치에 의해 얻어지는 마음인 반면 자존심은 남에게 굽힘이 없이 자기 스스로 높은 품위를 지키는 마음으로, 경쟁 속에서 남들로부터 인정을 받으려는 것이기 때문에 상대방이 있어야만 느낄 수 있다는데서 차이가 있다. 즉 자존심은 다른 사람이 있어야만 느낄 수 있는 마음이다.

자존심은 자기의 능력에 대하여 다른 사람들이나 소속집단으로부터의 승인을 기초로 발생한다. 정신분석적 의미에서 자존심은 자아와 초자아가 균형을 유지하고 있는 상태를 말한다. 따라서 적당한 자존심은 자부심을 갖게 하여, 자신의 가치를 높이고 생활의 활력을 주는 요소가 될 수 있다.

하지만 자존심이 낮으면 사소한 일에도 쉽게 당황하게 되고, 사람과의 관계에서 자주 부끄러워하게 된다. 또한 자신의 주관을 갖지 못하기 때문에 상대방의 설득에 잘 넘어가고, 자신에 대한 타인들의 승인에 대한 욕구가 강하다. 자신의 자존심을 다른 사람들로부터 인정받지 못하거나 무시당하게 되면 스스로 자기비하, 열등감 등을 갖게 되고 심하면 우울증에 빠지게 된다.

　자존심이 너무 낮으면 항상 자기 자신에 대해서 부정적인 생각이 많아지다 보니 스스로를 열등하다고 생각하여 사회생활이 어렵거나, 사람과의 관계를 기피하는 현상이 나타난다. 또한 다른 사람에게 부당한 대우를 받아도 제대로 의사표현도 하지 못하고 일방적으로 당하기만 하는 등 손해를 보는 경우가 많다. 뿐만 아니라 자신을 부정적으로 보기 때문에 다른 사람도 인정하지 못하고 부정적으로 보게 된다.

　자존심이 너무 높은 사람은 자신을 모든 부분에서 최고라고 보기 때문에 다른 사람을 무시하기도 하며, 모든 일을 자기가 하고 싶은 대로 하게 된다. 다른 사람들이 자신을 인정해주지 않으면 자신의 자존심을 지키기 위하여 분수에 넘치고 실속이 없는 허영심이나, 지나치게 자신을 자랑하는 자만심을 갖게 된다. 심지어는 자신의 자존심을 지키려고 집단이 요구하는 행동이나 규칙을 거부하고, 자신이 하고 싶은 대로 고집을 부리는 행동을 해서 집단 전체나 다른 사람에게 피해를 입히기도 한다.

03 l 자만심(自慢心)

자만심의 사전적인 정의를 보면 자신이나 자신과 관련 있는 것을 스스로 자랑하며 뽐내는 마음을 말한다. 자존심은 자신을 사랑하고 가치 있게 느끼며 자기 자신에 대하여 유능하고 능력 있는 존재로 여기는 생각이지만, 자만심은 자신에 대하여 매우 높게 유능하고 능력 있는 존재로 자랑하며 뽐내는 생각이라고 할 수 있다. 따라서 자만심은 과도한 자존심이라고 할 수 있다.

자존감과 자만심의 공통점은 스스로 자신을 존중하고, 자신을 좋게 생각하는 긍정적인 생각을 갖는 것이다.

반면, 자존감과 자만심의 차이는 자존감은 있는 그대로의 자신에 대한 믿음을 갖는 주관적인 판단이지만, 자만심은 비교 대상을 통해 남들에 비해서 우월하다고 생각하는 상대적 판단이라는 것이다. 즉 자존감은 상황에 관계없이 스스로에 대한 존중이 확고한 것이고, 자만심은 상대방과의 평가를 통해 자기만족감을 얻는 것이다.

자존감이 높은 사람은 자신과 타인을 잘 수용하고 자신과 타인의 능력을 잘 인식하며 긍정적인 태도를 갖는다. 반면에 자만심이 높은 사람은 타인을 무시하거나 부정적으로 보며, 자신의 능력을 지나치게 높은 것으로 인식하게 된다. 따라서 자만심이 강하면 타인에게 마음의 상처를 주거나 비난을 하기 쉽다. 때로 과도한 자만심의 표현은 자신의 평정심을 잃은 행동이거나, 자신의 우울 상태를 방어하고자 하는 역기능으로 나타나기도 한다.

04 ㅣ 자기효능감(自己效能感)

    자기효능감을 자존감과 같은 의미라고 보는 견해가 있다. 자기효능감은 자아효능감이라고도 하며, 자신이 어떤 일을 성공적으로 수행할 수 있는 능력이 있다고 믿는 기대와 신념을 말한다. 자기효능감은 자신이 어떤 일을 성공적으로 수행함으로 인해서 느끼는 성취감을 경험할수록 강화된다. 따라서 자기효능감은 과제를 끝마치고 목표에 도달할 수 있는 자신의 능력에 대한 스스로의 평가라고 할 수 있다.

    자존감과 자기효능감의 공통점은 자신에 대하여 유능하고 능력 있는 존재로 여기는 생각을 갖는 것이다.
    자존감과 자기효능감의 차이는 자존감은 자신을 가치 있게 느끼며, 자기 자신에 대하여 유능하고 능력 있는 존재로 여기는 생각이지만, 자아효능감은 자신에 대하여 유능하고 능력이 있다고 믿는 기대와 신념이라는 것이다. 즉 자존감은 스스로에 대한 판단이지만, 자기효능감은 자신의 능력에 대한 기대와 신념이라는 것이다.

    자기효능감이 강한 사람은 자신의 능력을 믿기 때문에 자신감이 있으며, 도전하는 것을 두려워하지 않는다. 반면에 자아효능감이 낮은 사람은 자신을 믿지 못하기 때문에 변화나 도전하는 것을 두려워한다.

05 ㅣ 자부심(自負心)

　자부심은 자기 자신 또는 자기와 관련되어 있는 것에 대하여 스스로 그 가치나 능력을 믿고 당당히 여기는 마음을 말한다. 자부심은 자신의 능력이나 노력에 의한 성과를 통해 생겨나는 긍정적 자의식이라고 할 수 있다. 예를 들어서 자부심은 공부를 잘해서 상을 받는 것과 같이 외부에 드러나는 성공을 했을 때나 원하는 목표를 이루었을 때 경험할 수 있는 기쁜 감정이다.

　자부심을 가지면 자신의 가치나 능력을 믿게 되어 자신을 자랑스럽게 생각하게 된다. 자부심을 가진 상태에서 다른 사람이 인정해 주거나 결과가 잘 나오게 되면 인생은 더욱 행복해진다. 그러나 자부심이 지나치면 남들에게 교만하게 보일 수 있다.

　자존감과 자부심의 공통점은 스스로 유능하고 능력 있는 존재로 여기는 생각을 갖는 것이다.
　자존감과 자부심의 차이는 자존감은 자신의 기본적인 능력으로 일의 성과가 좋게 나오든, 나쁘게 나오든 결과와 관계없이 일상에서 지속적으로 이어진다. 반면에 자부심은 자신의 능력이나 노력에 의해 좋은 성과가 나타났을 때 나타나는 긍정적인 자기 평가이기 때문에, 좋은 결과가 나타나지 않으면 자부심이 생기지 않는다. 따라서 자부심은 좋은 결과에 따라 나타나는 일시적인 자기만족감이라는 차이가 있다. 또한 자존감은 스스로의 만족이지만, 자부심은 타인에 의해 인정을 받아야 생기는 것이라는 차이가 있다.

06 l 자긍심(自矜心)

자긍심(自矜心)은 자신 스스로 자신의 능력을 믿음으로써 가지는 당당한 마음을 갖는 것을 말한다. 즉 자신 스스로 자랑스러운 마음을 갖는 것이다. 자긍심이 생기려면, 내 스스로가 자신에 대하여 자랑스럽고 즐거운 감정을 가져야 한다. 따라서 자긍심은 그냥 아무런 이유도 없이 갑자기 생기는 마음이 아니라, 자긍심이 생기기 위해서는 계기나 이유가 전제가 되어야 하는 것이다.

자긍심은 내가 가지고 있는 능력, 실력, 기술, 특징 등이 성취감을 가져올 때 나타난다. 즉, 결국 자긍심은 자신을 성취감이 바탕이 되어 자신의 능력을 믿을 때 나타나는 것이다.

자존감과 자긍심의 공통점은 스스로 외부의 영향에 상관없이 자신을 긍정적으로 보는 것이다.

자존감과 자긍심의 차이는 자존감은 자신을 있는 그대로 인정하고 자신을 존중한다. 반면에 자긍심은 성취감을 통해서 자신의 능력을 믿음으로써 당당한 마음을 갖는다는 데서 차이가 있다. 따라서 자존감은 자신을 있는 대로 인정하고 존중하지만, 자긍심은 성취감이 바탕이 되어야만 느낄 수 있는 것이다.

자긍심은 자기가 생각하기에 자기가 능력이 있다는 믿음이 있을 뿐이지, 남들은 객관적으로 그 사람이 실제로 현명하거나 능력이 있다고는 생각하지 않을 수도 있는 것이다. 따라서 자긍심은 능력이 있기 때문에 자긍심이 높은 것이지, 자긍심이 높기 때문에 능력이 있는 것은 아니다.

07 1 자애심(自愛心)

자애심(自愛心)은 자기를 사랑하는 마음을 말한다. 사람이라면 누구나 행복을 바라는 것은 너무도 당연한 일이다. 자애심은 다른 사람이나 가진 재능이나 외부적인 조건과 상관없이 자기를 사랑하는 마음을 가지면 되기 때문에 가장 쉽게 가질 수 있는 마음이다.

사람은 자기를 사랑하게 되면 모든 것이 좋게 보이기 때문에 행복해진다. 따라서 자애심은 행복한 삶을 살기 위해서 꼭 필요한 것이다. 자기를 사랑하지 않고는 어떤 상황에서도 행복할 수 없기 때문이다.

더욱이 자기 자신을 사랑할 줄 아는 사람만이 다른 사람에게 성실할 수 있으며, 사랑하는 마음을 가질 수 있다. 따라서 다른 사람을 성실하게 대하거나 사랑하기 위해서는 먼저 자신을 사랑하는 마음을 가져야 한다.

자존감과 자애심의 공통점은 자신을 사랑한다는 점에서는 공통점이 있다.

자존감과 자애심의 차이점은 자존감은 자신을 스스로 사랑하고 가치있게 느끼는 '있는 그대로의 모습'에 대한 긍정을 뜻한다. 따라서 자존감을 갖게 되면 자신을 있는 그대로 사랑하며, 다른 사람도 사랑하는 마음을 가질 수 있게 된다.

반면에 자애심은 자신의 가치나 능력과 관계없이 순수하게 자신을 사랑하는 마음이라는 점에서 차이가 있다. 따라서 자애심이 있다는 것은 자신의 능력이나 가치가 없어도 단지 자신을 사랑하는 마음이 있다는 것을 말하며, 자애심이 있어야만 다른 사람도 사랑할 수 있게 된다.

자애심은 자기를 사랑하는 마음을 기초로 발생하는 것으로 자애심을 가지면 모든 것이 아름답게 보이고 사랑스러워 보이게 된다. 자애심이 없으면 자신을 사랑하지 못하기 때문에 다른 사람을 좋아하거나 사랑할 수 있는 마음의 여유가 생기지 않는다. 그래서 자애심이 없는 사람들은 자신도 사랑 할 수 없지만, 다른 사람에게도 함부로 대하거나 미워하게 된다.

　반대로 자애심이 너무 강하면 자신을 너무 사랑하기 때문에, 자기만 바라보게 된다. 결국 자애심이 너무 강하면 다른 사람들의 가치를 무시하거나, 무시하려는 경향이 나타나기도 한다. 따라서 인생을 행복하게 살기 위해 자애심은 필수지만, 지나친 자애심은 주의해야 한다.

제3장
자존감의 종류

01 l 자존감의 종류

자존감은 사람의 감정을 다루는 것으로 자존감에 영향을 주는 요소가 매우 다양하다. 따라서 자존감을 어떻게 인지하느냐와 자존감에 영향을 주는 하위 요인이 어떠냐에 따라서 자존감은 다양하게 분류할 수 있다.

<표 3-1> 자존감의 종류

구분	내용
전반적 자존감	사람들이 시간과 상황에 관계없이 지속적으로 자신에 대해 느끼는 자존감
방어적 자존감	자신에 대해 부정적인 가치감을 가지고 있으나, 타인에게 인정받고 싶은 욕구가 높기 때문에 자신에 대해 잘 보이게 하기 위해서 가지는 자존감
조건부 자존감	평상시에는 없다가 어떤 조건이 충족되거나 특정 사건을 경험한 후 발생하는 단기간의 자기 평가적 반응
내적 자존감	스스로가 자신을 가치 있는 존재라고 생각하는 자존감
외적 자존감	외부의 자극이나 상황에 영향을 받아서 느끼는 자존감

02 ¦ 전반적 자존감

전반적 자존감은 시간과 상황에 관계없이 지속적으로 자신에 대해 느끼는 자존감을 말한다. 예를 들어 "나는 원래 잘 생기게 태어났고, 지금도 잘 생겼어", "나는 전부터 가치 있는 사람이라고 생각해 왔어"와 같은 것이다. 이처럼 전반적 자존감은 자신이 가지고 있는 고유의 성질이나 품성이기 때문에 개인의 성격과 비슷하다고 할 수 있다.

전반적 자존감은 자신의 생각과 실제로 나타나는 상황이 같으면 안정된 자아상을 갖게 되고 자존감이 유지 된다. 그러나 자신의 생각보다 실제 나타나는 상황이 나쁘면 깊은 좌절에 빠져 자존감이 떨어지기도 한다. 반면에 자신의 생각보다 자신의 실제 나타나는 상황이 좋아지면 자신에 대한 만족감이 지나쳐 자만심에 빠지기 쉽다. 예를 들면 나는 잘 생겼다는 생각을 가지고 있었는데 상대방이 그것을 인정하게 되면 자존감이 유지되지만, 상대방에게 못생겼다고 평가받게 되면 깊은 좌절에 빠지게 되며, 상대방이 너무 잘 생겼다고 하면 "역시 나는 잘 생겼구나."라는 생각에 자만감에 빠지기도 한다.

전반적 자존감은 시간과 상황에 관계없이 지속적으로 자신에 대해 느끼는 감정이지만 다른 사람과의 만남에서 영향을 받게 된다. 긍정적인 생각을 가진 경우에는 자신의 생각과 실제 상황이 다르면 자신의 자존감을 높여야겠다는 변화의 욕구를 갖게 되고 발전적이 되기도 하지만, 부정적인 생각을 가진 경우에는 좌절감이나 자만심에 빠질 수 있기 때문에 주의해야 한다.

전반적 자존감이 강한 사람들은 다른 사람들의 반응이나 인정에 민감하게 반응하기보다, 자신의 생각을 끝까지 가지는 것이 중요하며, 부족하다고 생각하는 부분이 있다면 그것을 채워 나감으로써 좋은 자존감을 갖게 된다.

03 l 방어적 자존감

방어적 자존감은 자신의 가치에 대해 부정적으로 생각하고 있으나, 타인에게 인정받고 싶은 욕구가 높기 때문에 자신에 대해 잘 보이게 하기 위해서 가지는 자존감을 말한다. 예를 들어 자신의 외모에 대해서 다른 사람들은 큰 의미를 두지 않지만 스스로 부족하다고 생각하여 과도하게 치장을 하여 자존감을 높이는 것을 말한다.

방어적 자존감을 가진 사람들은 끊임없이 자기의 가치를 증명하기 위해 노력하고 계속 새로운 시도를 하는 경우가 많다. 그러나 이러한 노력을 하는 도중에 감당하기 어려운 사건이나 상황을 만날 때에는 자존감을 위협하는 것으로 여겨 상당히 긴장하며 강한 반응을 보인다. 또한 자신의 노력에 대해서 다른 사람들이 인정해 주지 않거나 무시당하게 되면 분노나 공격성을 띠게 되는 등 불안정한 자존감을 나타내기 쉽다. 따라서 방어적 자존감은 갖지 않는 것이 좋다.

방어적 자존감은 자신이 가지지 않은 자존감의 조건을 잘 보이기 위해서 억지로 조건을 만드는 것이기 때문에 외적인 조건들이 주어져서 느끼는 외적 자존감과는 다르다. 외적 자존감은 자신이 가진 외적인 조건들로 인해서 인정받는 것이기에 자연스러운 것이지만, 방어적 자존감은 없는 조건들을 만들기 때문에 다른 사람들에게 인정을 받지 못할 수도 있는 것이다.

04 l 조건부 자존감

조건부 자존감은 평상시에는 없다가 어떤 조건이 충족되거나 특정 사건을 경험한 후 발생하는 단기간에 발생하는 자존감을 말한다. 조건부 자존감은 어떤 조건에 의존하여 생기는 자존감이기 때문에 어떤 조건에 충족되었을 때만 유지되며, 어떤 조건이 소멸되거나 오래 지나면 자존감이 원래대로 돌아가는 것을 말한다. 예를 들어 뜻하지 않은 승진으로 인해 자존감이 고양되었다가 어느 정도 지나면 다시 평상시로 돌아온다. 이혼 후에 자존감이 많이 떨어졌다가 어느 정도 시간이 지나 이혼의 아픔을 잊게 되면 원래의 자존감으로 회복되는 것을 말한다.

조건부 자존감을 높이는 근원으로는 다른 사람의 인정, 칭찬, 격려, 외모, 경쟁, 학업능력, 직업능력, 가족의 지지, 도덕성, 신앙심 등을 들 수 있다.

조건부 자존감이 높은 사람은 외적인 사건에 영향을 받아서 생긴 자존감이기 때문에 평소 자신의 업적이나 타인의 평가에 민감하게 반응한다. 그래서 자신의 능력이 부족하다고 생각하거나, 업무적으로 자신이 정한 목표에 도달하지 못하였을 경우 자신이 무가치하다고 느낀다.

조건부 자존감은 자신의 가치가 낮다고 생각할 때 조건적으로 무언가를 충족시켜서 자신을 가치 있는 존재로 느끼려고 하게 된다. 그래서 꾸준히 남에게 잘 보이려는 노력을 하거나 자신의 가치를 증명하기 위하여 노력한다. 따라서 조건부 자존감을 느끼려는 행동을 많이 하는 사람들은 심리적으로 불안하거나, 자신이 부족하다는 부분을 메꾸기 위한 행동을 보이게 된다.

조건부 자존감은 다른 사람들의 시선이나 평가에 대하여 민감하기 때문에 결국 사람들과의 인간관계에서 시작하는 것으로, 자신에 대한 다른 사람들의 수용과 거절 경험에 영향을 받게 된다. 다른 사람들로부터 수용의 경험을 많이 한 사람일수록 조건부 자존감이 강한 편이며, 거절의 경험이 많은 사람일수록 조건부 자존감이 낮은 편이다.

05 l 내적 자존감

자존감을 느끼게 하는 원인이 어디에 있느냐에 따라 내적 자존감과 외적 자존감으로 구분할 수 있다. 내적 자존감은 외부의 영향이나 상황에 관계없이 스스로가 자신을 가치 있다라고 생각하는 자존감을 높이는 내적 원인을 말한다.

자존감을 느끼게 하는 내적인 원인은 사람에 따라 매우 다양하게 인식하고 있지만 일반적으로 만족감, 성취감, 도덕심, 윤리관, 신앙심, 희망을 가지고 있을 때 등과 같이 본인이 스스로 느끼는 행복이라고 할 수 있다.

내적인 원인인 만족감은 자신이 원하는 것에 대하여 모자람이 없이 충분하고 넉넉할 때 느끼는 감정이고, 성취감은 목표하던 것을 이루었을 때 느끼는 감정이고, 도덕심은 선악과 옳고 그름을 판별하여 선을 행하려는 마음을 말하고, 윤리관은 사람으로서 마땅히 행하거나 해야 할 도리를 지키려는 마음이고, 신앙심은 신이나 초자연적 절대자를 믿고 따르는 마음이고, 희망은 앞으로 잘 될 수 있는 가능성이 있다고 생각하는 마음이다.

결국 내적 자존감은 외부의 영향이나 상황에 관계없이 본인이 스스로 느끼는 감정이다. 따라서 강하게 자신을 인정하는 신념을 가진 사람들은 내적 자존감이 높은 편이고, 자신에 대한 신념이 약한 사람들은 내적 자존감이 낮은 편이다.

조건부 자존감은 외부의 영향이 소멸되는 시기까지 일시적인 자존감을 주는 반면에 내적 자존감은 자신에 대한 신념이 지속되는 동안은 자존감을 느낄 수 있다.

06 ㅣ 외적 자존감

외적 자존감은 외부의 영향이나 상황에 영향을 받아서 느끼는 자존감을 말한다. 부, 명예, 권력, 존경, 가족, 친구, 사랑, 도전, 여행, 쾌락, 식도락, 건강, 잠, 만족, 봉사, 장수, 사랑하는 사람이 있을 때 등과 같이 외부적인 조건을 충족해서 행복을 느끼는 것이다. 외적 자존감은 자존감을 높이는 외적인 원인을 가짐에 따라 타인이 자신을 소중하게 대해주는데서 형성되는 자존감이다.

사람들은 자존감을 높이기 위하여 외적인 원인을 충족시키려고 부와 명예, 출세, 높은 학력, 좋은 직장 등을 끊임없이 추구한다. 이러한 조건들이 자신의 자존감을 높여서 행복하게 해 줄 수 있다고 생각하기 때문일 것이다. 예를 들어 직장에서 자신이 원하던 과장으로 승진하게 되면 처음에는 자존감이 높아지지만, 시간이 지날수록 일상화되고 자존감이 떨어지게 되며 더 높은 자존감을 얻기 위하여 새로운 진급을 위해 노력하게 된다. 이처럼 외적인 원인들은 사람에게 어느 정도는 자존감을 높여 줄 수는 있지만 한시적인 것이다.

사람은 심리학적으로 외부적인 조건으로 인해서 찾아 온 자존감은 처음에는 행복감을 주나 시간이 지날수록 부족함을 느끼며 더 나은 행복을 위하여 외부적인 조건을 더욱 충족하기 위하여 달려가게 된다. 따라서 외적 자존감의 원인들 중에는 조건부 자존감처럼 일시적으로만 자존감을 높이는 역할을 하게 된다.

외적 자존감은 내적 자존감을 가지고 있을 때 더욱 강화된다. 내적 자존감이 전혀 없는 상태에서 외적 자존감만 갖게 되면 외적 자존감은 조건부 자존감처럼 어느 정도 지나면 자존감이 떨어질 수 있다. 따라서 외적 자존감을 높이기 전에 내적 자존감을 높이는 것이 자존감을 지속하는데 효과적이라고 할 수 있다.

제4장
발달 단계에 따라
필요한 자존감

01 Ⅰ 영아기에 필요한 자존감

영아기는 태어나서 2세까지를 말한다. 영아기는 자신에 대한 인식이 서서히 나타나게 되며, 대략 2세부터 자존감이 형성되기 시작한다. 영아기는 아이가 신체적으로 급격하게 성장하고, 서서히 외부의 자극을 인식하면서, 기어 다니다 걷기를 시작하여 인간으로서 기본적인 조건을 형성해 가는 시기다.

영아기에 형성된 자존감은 인생 전반에 영향을 끼치기 때문에 영아기 단계에서 아이의 자존감 형성은 매우 중요하다.

생후 10개월에는 기억력과 주의력, 모방하려는 의지가 크게 발달하는 시기로 부모가 보이지 않으면 큰 소리로 울면서 기어서 부모를 찾아가려고 한다. 정서적으로 질투를 나타내기 시작하여, 형제자매에게 부모의 관심이 집중되면 울거나 칭얼댈 수 있다.

생후 11개월에는 아기의 자아는 점차로 정교해지는 시기로 정서적으로 아기는 부모에게 요구하는 것이 더 많이 늘어나고, 부모의 대화에 반응을 보인다.

부모에게 뿐만 아니라 가족들에게 자기 존재를 과시하기도 하고 형제자매에게 자기 존재를 알리기 시작한다. 옆에서 다른 사람이 노는 것을 보고 그것에 관심을 보이고, 동작이나 소리를 흉내 내면서 사람과의 친밀감을 형성해 나간다. 따라서 이 시기에는 아기의 존재감을 인식해주고, 아기가 따라할 수 있는 좋은 행동들을 보여주는 것이 좋다.

생후 13개 월~18개월에는 점차 요구사항이 많아지고 분노의 감정을 표현하기 시작하여 의사표현도 분명해지고 감정을 확실히 표현한다.

관심을 끌기 위해 착한 행동을 하거나 반대로 말썽을 부리기도 한다. 부모의 말에 정확하게 대응하고, 꾸중을 들으면 울고 칭찬을 들으면 미소 짓기도 하면서 자존감이 형성되기 시작한다. 따라서 이 시기에는 아기의 개성을 이해해 주어야 하며, 짜증을 내면 풀 수 있도록 편한 환경을 만들어 주거나 내버려 두는 것이 좋다. 이 시기에는 아기에게 칭찬과 격려를 자주 해주어서 자존감이 형성되도록 해야 한다.

생후 18개 월~24개월에는 정서적으로 아이는 자신이 부모나 타인에게 영향을 줄 수 있다는 것을 알아차리기 시작하여, 이전까지는 부모가 아이에게 영향력을 행사했지만 이제부터는 아이도 부모에게 영향력을 행사하기 시작한다.

'안돼', '싫어'라는 낱말을 알게 되면서 말로써 자신의 입장을 주장하기 시작한다. 자신을 '아기'라고 부르던 아이는 점차 자신을 '나'라고 부르기 시작하고, "나 안 먹어", "내가 할 거야" 등 나를 강조하는 말을 자주하거나 혼자하려는 자율성이 커간다.

자신의 요구를 조절하는 것을 배우기 시작하며, 가족이 아닌 다른 어른의 지시를 받아들일 수 있다. 부끄러움, 시기심, 공포 등의 느낌을 화를 내거나 짜증, 우는 것으로 자신의 정서를 표현한다.

단순한 활동들을 성인들과 함께 협력하여 할 수 있고 배변 훈련을 시작하는 시기로 서서히 나에 대한 자아개념이 생기기 시작하고 자기조절력이 생긴다. 특히 공간 탐색이 활발해지지만 판단력이 부족하므로 안전사고에 유의해야 한다. 자신의 느낌과 감정을 솔직하고 강하게 표현하는 시기로 아이의 주장을 경청해 주는 것이 중요한 시기다.

영아기 단계에서는 자기에 대한 인식이 서서히 나타나게 되고, 1세 후반부터 형성되기 시작한다. 자존감은 인생 전반에 많은 영향을 끼치기 때문에 아이의 자존감 형성에 가장 큰 영향을 주는 부모는 아이의 자존감 형성을 위해서 최대한의 노력을 기울여야 한다.

영아기 단계에서 아기의 자존감을 형성하는 방법은 다음과 같다.
부모는 아기가 배우는 행동을 위한 일차적 모델이 되기 때문에, 아기 앞에서는 항상 좋은 모델로서 옳은 행동과 좋은 성격을 배우도록 말과 행동에 주의해야 한다. 그리고 아기의 행동에 대하여 좋은 반응을 보여야 한다.

영아기에는 자기 가치에 대해서 인식을 시작하기 때문에 자신의 행동에 대하여 부모의 반응이 어떤가에 대하여 관심이 많다. 예를 들어 자신이 하는 먹고, 자고, 싸는 기본적인 욕구를 수행하는 과정에서 부모가 웃거나, 기뻐하면 자신을 사랑을 받는 존재로 생각하여 자존감이 높아진다. 그러나 자신의 행동에 대하여 찡그리거나, 화를 내게 되면 자신이 사랑받지 못하는 존재로 생각하여 자존감이 낮아지게 된다. 따라서 아기의 자존감을 형성하기 위해서 부모는 아기의 다양한 행동에 대하여 민감하게 반응하여 아기가 사랑받고 있다는 안정감과 편안함을 주도록 해야 한다.
이처럼 영아 단계에서 부모의 행동, 아기의 행동에 대한 부모의 반응은 아기의 자존감 형성에 매우 중요한 역할을 한다.

02 ┃ 유아기에 필요한 자존감

　유아기는 2세부터 6세까지의 시기를 말한다. 이 시기에 유아는 급속한 신체적, 언어적, 인지적, 사회적, 정서적 발달을 하게 된다. 유아기는 자기에 대한 이미지가 형성되어 자신의 의사를 정확히 표현할 줄 알게 되면서 자존감을 형성해 나가는 시기다.

　자존감 발달을 연구한 학자들에 의하면 자존감은 대략 만 2~3세 경부터 발달하기 시작한다고 보고 있다. 이 시기에는 일상생활에서 접하게 되는 과업들을 성공적으로 수행하면서 자신의 능력에 대해 신뢰감을 갖게 되고, 이러한 신뢰감이 유아기의 자존감 발달에 중요한 기초가 된다.

　유아기는 영아기에 비하면 신체 성장 속도는 느린 편이지만 이 시기에도 꾸준한 성장을 보인다. 영아기 이후 신장은 매년 7cm씩 자라 6세가 되면 115cm 정도로 성장하며, 체중은 20kg 정도까지 증가한다. 손의 기능이 점차 정교해지며. 보행능력이 신장하므로 무엇이든지 자신이 하려고 하는 시기다.

　두뇌의 신경세포는 대부분 가지고 태어나지만 유아기 단계에는 신경망의 발달로 걷고 말하고 기억할 수 있게 해준다. 출생 초기에 신생아의 대뇌는 성인 대뇌 무게의 약 25%에 해당하지만, 2세가 되면 약 75%에 이르고, 유아기에도 대뇌는 계속해서 성장한다. 3세에서 6세 사이의 두뇌의 신경망은 전두엽에서 가장 급속하게 성장하여 합리적인 계획을 세울 수도 있게 된다.

　유아기에 신체가 건강하게 발달하려면 충분한 영양 공급, 규칙적인 생활 습관, 사고와 질병으로부터의 보호가 필수적이다. 이러한 요소가 결핍

되면 신체가 잘 성장하지 못한다.

유아기의 정서는 영아기와 큰 차이가 없으나 이전에 형성되었던 정서가 지속적으로 발달하는 시기다. 언어 사용은 아직 미숙해서 하고자 하는 말을 모두 자유로이 표현할 수 없기 때문에, 무엇이나 행동으로 자기를 주장하고 내세우려 한다. 또한 자아의식이 높아지기 때문에 자신의 욕구를 강하게 표현하거나, 자신이 하고 싶은 것에 대한 자기주장이 강하다.

유아기에는 사물에 대한 호기심이 왕성해지는 시기이기 때문에 장난감, 그림책, 수수께끼 등을 사용하여 아이의 호기심을 채워주는 일이 무엇보다 중요하다. 또한 이 시기는 사람 지능의 80%가 완성되는 시기이기 때문에 아이들의 창의성이나 지적 탐구심을 키워나가도록 유도하여 지능을 높여줘야 한다.

유아기의 아이는 전적으로 부모에 의존하고 있으며, 부모를 자신과 동일시하는 대상으로 삼고 있으므로 부모가 적절히 모범을 보여야 한다. 점차 아이는 부모의 행동을 따라하거나, 부모가 무엇을 시키려고 하면 말끝마다 "왜?"라고 하기 때문에 반항적으로 보이기도 한다. 이때 부모는 무조건 혼내지 말고 긍정적으로 반응하고 이유를 설명해주면 자존감이 높아진다.

5세경부터는 행동으로 뿐만 아니라 말로도 자신의 의사를 전달할 수 있고 부모의 말에 대해서 이해하는 능력이 급속도로 증가하게 되면서 반항적 행동은 줄어들게 된다. 이 시기의 유아들은 어떤 분야에서든지 자신이 타인보다 월등하며 능숙하게 해낼 수 있다고 생각한다.

자존감의 형성은 영아기에 시작되지만 자존감의 발달은 유아기에 이루어진다. 유아기에는 자기 자신을 이해하기 시작하면서 자아의식이 발달하고, 부모의 보호에 의하여 안정감과 편안함을 느끼며 자존감이 발달하게 된다. 유아기에 자존감을 높이는 방법을 보면 다음과 같다.

① 유아기에는 남을 배려하지 않고 자기중심적으로 생각하기 때문에 모든 것이 자기 것처럼 생각하는 소유욕이 높다. 따라서 남의 물건도 자기 것처럼 생각하거나 새로운 장난감이나 신기한 것을 보면 달라고 조르거나 떼를 쓰기도 한다. 이때 무조건 안 된다는 말을 하면 아이의 자존감이 떨어지기 때문에, 아이의 소유욕을 인정하되, 애초에 아이가 무리한 욕심을 낼 수 있을 만한 환경을 차단하고, 그래도 소유욕을 버리지 못하면 설득해서 자존감을 유지하게 해야 한다.

② 유아기에는 자기중심적이기 때문에 자기가 원하는 것만 해달라고 하고, 원하는 것이 해결되지 않으면 떼를 쓰기 시작한다. 이때도 부모가 아이에 대해서 혼내지 말고 긍정적으로 그래야 하는 이유를 설명해주면 아이는 기본 생활습관을 익히게 되고 자존감이 높아진다.

③ 유아기에는 자신의 실제 능력을 과대평가하고 자신이 해야 하는 과제는 과소평가하는 경향이 있어 실제로 과제를 해결하는 과정에서 실패하는 경우가 많다. 이때 부모는 아이의 문제점을 지적하기 보다는 과제를 도와줌으로써 자신이 해냈다는 성취감을 느끼게 해주고 무엇이든지 스스로 할 수 있다는 믿음을 주어 자존감을 높여주는 것이 좋다.

03 | 아동기에 필요한 자존감

　아동기는 7세부터~12세까지로 취학과 더불어 제도적으로 의무화한 교육이 교육기관에서 이루어지기 때문에 학령기라고도 한다. 가정에서 뿐만 아니라 사회에서도 규범과 지식을 습득하며, 또래와의 공동생활을 통해 자신과 타인에 대한 이해의 폭도 넓혀가게 된다. 이 시기에는 생활의 중심이 가정에서 학교로 옮겨지게 되어 사회적 관계를 많이 형성하고 사회인의 기초를 쌓게 되며, 아동들은 부모의 강력한 영향권에서 벗어나 또래와의 관계가 더 중요해진다.

　아동기에는 새로운 것을 배우기보다는 영아기를 거쳐서 유아기까지 획득한 지각운동기능을 보다 기술적으로 사용하는 능력을 키우며 인지적 측면에서도 지각에 의존하던 사물의 판단과 자기중심적인 사고를 극복한다. 또한, 가족뿐만 아니라 TV 등의 매스컴, 주변 사람들의 영향, 학교에서의 학습 등으로 인지능력이 급격하게 발달한다. 선생님이나 부모에 대한 동일시 과정, 또는 주변 성인이나 또래들과의 유대관계가 강화되면서 개성을 발달시켜 나가기 때문에 자존감 형성에 있어 또래와 학교가 중요한 역할을 한다.

　이 시기에는 또래들과 잘 어울리는 방법을 획득하고 자기의 한계를 인식하고, 어른의 요구에 적절히 반응하고 자신의 행동을 통제할 수 있게 됨으로써 자존감을 발달시켜 간다. 이러한 자존감은 성인이 되어 세상을 살아나가는데 중요한 역할을 한다.

　아동기의 신체 발달은 매우 완만하다. 6세 정도의 아동은 외형적으로 영구치가 생겨서 어릴 때의 모습과 다르고, 턱이 발달되고, 코도 커져서

귀여운 아기 모습에서 벗어난다. 신체 성장률은 영아기와 청년기처럼 급속하지 않으나 전체적인 모습은 성인과 유사하며, 몸통이나 다리가 가늘고 길어지며, 가슴은 넓어진다. 머리의 크기는 키의 1/7 정도로 성인의 모습과 비슷해진다. 신체 특징은 이 시기에 매우 중요하게 작용한다.

신체의 크기나 골격은 운동이나 친구와의 놀이에서 중요한 영향을 미친다. 개인차가 있지만 대체로 체격이 작고 빈약한 아동은 다른 아동에 비해 힘이 부족하므로 소심하고 겁이 많은 것처럼 보이며 반대로 체격이 크고 튼튼하고 힘이 센 아동은 쾌활하며 창조적이고 자기 자신을 표현하는데 적극적인 것으로 보인다. 뿐만 아니라 신체의 크기는 또래나 주변사람이 아동을 대하는 태도를 결정하는 조건이 되기도 한다.

아동기에 운동기술이 발달되는 것은 지각이나 신체의 운동을 뒷받침하는 중추신경 및 대뇌의 발달이 대체로 5세에서 7세 사이에 이루어지기 때문이다. 운동기술은 지구력과 순발력으로 나눌 수 있다. 지구력은 동작을 시작해서 동작이 끝날 때까지의 시간을 말한다. 순발력은 동작에 대한 신호를 포착하고 나서 동작으로 표현하기 위한 결정시간을 말한다.

정신지체아나 자폐아는 지구력은 좋으나 준비, 또는 출발이라는 소리를 듣고 동작으로 바로 바꾸는, 즉 곧바로 뛰어 나가는 순발력에서 뒤지는 것을 흔히 볼 수 있다.

아동기의 운동 발달은 아주 중요한 의미가 있다. 아동 스스로 다른 아동과 비교하여 자기 평가를 하게 되므로 아동기의 운동발달은 자아와 자존감 형성에 중요한 역할을 한다.

아동기도 부모의 영향이 지대해서 부모의 지지를 받으며 자라거나, 칭찬과 격려를 받은 아이들은 자존감이 높아져, 부모의 보호로부터 벗어나려는 독립심이 강해지고, 일상생활에서 자기주도적인 생활을 한다. 아동기의 낮은 자존감은 자신을 쓸모없고 능력이 부족한 사람이라고 생각하여 새로운 과제에 불안을 보이거나 도전을 회피하게 한다. 또한 지나치게 부모에 대한 의존도가 커지고, 자신감을 상실하게 한다.

아동기에 자존감을 높이는 방법을 보면 다음과 같다.

① 아동기에는 자신감을 가지고 적극적인 생활을 하며, 또래 친구들과 원만한 관계를 유지하게 된다. 그러나 부모의 과도한 기대를 충족시키지 못하거나, 부모로부터 자주 혼나거나, 계속적인 실패를 경험하게 되면 부정적인 자아개념이 생겨나고 결국에는 낮은 자존감을 형성하게 된다. 따라서 과도한 기대감을 갖지 말아야 하며, 아이를 혼내기보다는 장점을 찾아주어서 용기를 내도록 격려해 주어야 한다.

② 아동기에 또래 친구들도 자존감 형성에 중요한 역할을 한다. 아동이 또래 친구들에게 수용과 인정을 받게 되면, 자신을 긍정적으로 받아들여 높은 자존감을 형성하게 된다. 그리고 또래를 통해 사회생활의 여러 가지 방법을 터득하고 자신이 속한 문화의 가치관과 규범을 배우게 된다. 따라서 아동의 자존감 형성을 위해서 또래 친구들과의 만남을 의도적으로 만들어 주어야 한다.

③ 아동이 학교에 입학하면 아동은 가정에서 보내는 시간이 줄어들고, 학교는 아동 활동의 중심이 된다. 학교에서 이루어지는 여러 가지 경험을 통해 아동은 자신의 능력에 대한 자아개념을 획득하게 되는데, 자기의 평가가 긍정적인가, 부정적인가에 따라 자존감 형성에 차이가 생긴다. 따라서 학교에서 생활을 잘할 수 있도록 도와주어야 한다.

04 ㅣ 청소년기에 필요한 자존감

청소년기는 기관과 법규에 따라서 기준이 다르나 대략 9~24세의 연령에 해당하는 시기를 말다. 우리나라에서는 청소년의 개념이 중·고등학생 나이대로 인식되고 있으며, 20세부터는 '성인'이라고 생각하는 것이 일반적이다.

청소년은 청년과 소년을 총칭하는 말로써 이는 아동과 성인에 대한 세대개념이며 남녀의 구별없이 공용되고 있다. 청소년은 아동과 성인의 중간, 즉 신체적·정신적·사회적으로 아동에서 성인으로 되어 가는 과도기적 시기다.

청소년기는 사춘기에서 성인에 이르는 과도기로 전반적으로 자존감이 떨어지는 경향이 있다. 다양한 심리특성과 복잡한 사회문화적 배경, 다양한 역할의 상충으로 인해서 혼란기를 맞게 되기 때문이다. 또한 청소년기에 욕구좌절이 증가하는 것은 부분적으로 성적 충동과 성적 표현의 금지에 기인되지만, 욕구좌절이 증가됨에 따라 청소년은 더욱 문제 행동을 나타내기 쉽다.

청소년기의 자존감은 청소년기를 잘 보내게 하는데 중요한 역할을 한다. 자존감이 낮아지면 청소년기에 혼란이 많아지며, 목표를 정하지 못하고 힘든 시기를 보내게 된다. 반대로 자존감이 높으면 성공적인 청소년기를 보내게 되며, 자신의 목표를 세워 도전하고 도달하게 한다.

청소년기에는 키와 몸무게가 빠르게 성장하여 급격한 신체적 변화가 일어나며, 청소년기가 지나면 성장을 마치게 된다. 그리고 근육조직의 발달과 함께 근육의 힘도 증가하며 운동능력은 계속 상승한다.

청소년기에는 성장 호르몬과 성호르몬의 분비가 크게 늘어나면서 성적으로도 성숙하여 남녀의 신체적 특징이 분명하게 나타난다. 여자는 청소년기에 유방이 발달하며 음모와 체모가 나기 시작하면서 초경을 경험하게 되고 남자의 경우, 성장급등 현상이 나타나기 1년 전쯤부터 고환과 음낭이 확대되고 음모가 나타나며 내부생식기관도 발달하여 14~15세경이면 사정이 가능해진다. 이러한 신체적 발달로 청소년은 스스로를 성인으로 지각하기 시작한다.

청소년기에는 두뇌기능도 완성되는데, 청소년기를 지나면서부터는 뇌세포가 죽어가며 두뇌기능도 점차 떨어져 간다.

청소년기에는 생리적 변화에 따른 자신감을 상실하는 경우가 많으며, 이로 인해 심각한 정서불안을 나타내기도 한다. 그리고 인간관계가 확대됨에 따라 긴장과 갈등이 심화되며, 부모와 같이 시간을 보내기 보다는 친구들과 어울리는 것을 좋아한다.

청소년기에는 감정 조절능력이 부족하며 현실에 대한 사고와 판단능력이 정착되지 못하여 우울증이 나타나기도 한다. 또한 호기심과 모험심이 강하며, 자극적인 것을 좋아하여 약물 중독이나 흡연을 하기도 한다.
자아정체성을 확립해 가는 시기로 독립욕구에 따라 부모나 교사에 대해서 이유없이 반항을 하기도 한다. 뿐만 아니라 모든 것을 자기중심적으로 생각하거나 자기를 우상화하는 현상이 나타나기도 한다.

청소년기는 신체의 급격한 성장과 함께 운동량이 많아지게 됨으로써 피로감과 게으름 현상이 나타난다. 자기중심적이기 때문에 자기주장을 강화하여 다른 사람들과 의견 충돌이 많이 생기거나, 심하면 사람들과의 인간관계를 단절하여 자신을 고립시키기도 한다.
자아의식 강화로 자신의 환경에 대하여 비판적인 성향을 갖게 되며, 올바른 길로 가기를 지도하는 부모나 교사에 대하여 반항하는 현상이 나타난다. 또한 신체성장 만큼 자신의 능력이 발달하지 못하기 때문에 자신감을 상실하거나 좌절하는 현상이 나타나는데 소위 청소년 문제는 주로 여기에 기인한다.

청소년 시기는 인생에서 가장 예민한 감성을 지닌 시기로 자신의 주변에서 일어나고 부딪치고 있는 크고 작은 현상들에 대해 반응하고 수용하는 과정에서 생기는 감정과 행동들이 모두 자존감에 영향을 준다. 청소년기의 자존감은 청소년들이 자아를 인지하는데 있어서 자신의 역할을 얼마나 성공적으로 수행하는가에 대한 자기평가 결과에 의해 형성된다.

청소년기란 의존적인 아동기에서부터 자립적인 성인기로 가는 과도기이며, 심리학적으로는 하나의 주어진 사회에서 아동으로서의 행동과 성인으로서의 행동을 구별해서 새롭게 적응해야 하는 정체성 혼란을 겪는 시기다. 따라서 이 시기는 아동기에 형성된 자존감에 의해 영향을 받지만 청소년기에 느끼는 생각과 다양한 경험, 성취감 등이 자존감 형성에 큰 영향을 미친다.

청소년기의 자존감은 스스로에 대한 만족을 시작으로 부모나 친구, 교사들에 의하여 영향을 받는다. 청소년기의 높은 자존감은 자신을 스스로 사랑하며, 가치를 인정하기 때문에 우선 자아정체감을 형성하게 되고, 높은 성취수준을 보이며, 높은 포부 수준을 가지고 있어서 도전하려는 의욕과 성공에의 기대감도 높고, 부모와의 관계가 좋고, 사회적 교제도 잘하며, 자신의 목표를 세우기 때문에 일반적인 청소년들에 비하여 비교적 안정된 청소년기를 보낼 수 있다.

그러나 청소년기에 자존감이 낮으면 낮은 성취수준을 보이고, 신경질

적이며, 낮은 포부 수준을 가지고 있어서 도전하려는 의욕과 성공에의 기대감도 낮다. 또한 부모와의 관계도 아주 소원하고, 사회적 교제에서도 무능력과 고립을 느끼며, 자신에 대해 만족하지 못하고, 심하면 우울증을 겪거나, 목적성이 결여된 우발적인 행동을 하며, 범죄적 행동을 저지르기도 한다.

05 ┃ 성인 전기에 필요한 자존감

　성인 전기는 통상적으로 18~40세까지를 말한다. 신체적, 심리적 에너지 수준이 최고 수준에 도달하여 활력이나 정력, 재능이 절정에 도달하는 시기다. 이러한 신체적·심리적 배경을 바탕으로 자신이 설정한 인생계획에 따라 꿈을 실현하고 성취의 사다리를 오르기 위해 전력투구를 하는 시기이다.

　성인 전기는 인간 발육의 최종기인 청년기에 이어서 심신의 발육을 마치고 어른이 된 시기를 말한다. 따라서 성인 전기의 신체발달은 성인 전기를 정점으로 하여 점차 신체적 기능이 감퇴하며, 일부는 노화현상이 나타나기 시작하기도 한다.

　지능은 일반적으로 24세가 되면 최고가 되고, 이후 나이가 들면서 뇌세포는 점차 감소하기 시작하면서 기억의 저장량이 줄어들게 되며, 저장 시간이 짧은 감각 및 단기 기억은 감소하게 된다. 그러나 어릴 때부터 경험해 온 장기 기억은 안정적으로 유지된다.

　성인 전기는 학업을 마치고 직장에 취직하여 경제적 활동을 시작하는 단계로 부모로부터 정신적·경제적 독립을 시작한다. 그리고 이성과의 교제가 증가하면서 결혼을 해서 가족관계를 형성한다. 신혼에는 배우자와 친밀감을 형성하지만 시간이 지날수록 부부 간의 성적인 양립성과 가치관의 차이로 갈등을 겪기도 한다.

　성인 전기는 결혼생활의 시작과 함께 자녀를 출생하고 양육하는 중요한 발달과업을 수행하게 된다. 이로 인해 월급에만 의존하는 부부에게는 양육에 대한 부담이 증가하여 출생률에 영향을 주기도 한다. 자녀가 성장할수록 부모로서의 역할을 잘 수행해 내기 위한 노력을 하지만, 육아방법에 대한 부부 간의 가치관 차이와 과잉 관여로 인해 갈등을 겪기도 한다. 가족 간의 가치관이나 양육 방법의 차이가 발생할 경우에는 경청과 대화를 통해 서로 간의 존중과 협의가 꼭 필요하다.

청소년 시기에는 부모·자녀 간의 갈등이 심해지는 시기이기 때문에 자녀가 청소년기에 도달하면 자녀의 양육과 관여에 대해서 세심한 주의가 필요하다. 부모는 청소년기의 특징을 잘 파악하여 한 인격체로 존중해 주어야 한다.

20대에는 대학을 가고, 군대를 가고, 직장을 가지며, 결혼을 하는 시기다. 인생에 있어 중요한 기회가 많은 이 시기를 정신없이 살다보면 특별히 자신에 대해 생각을 하지 못하고 시간을 보내기도 한다. 그러나 30대가 되어 직장생활이나 가정생활이 안정적으로 유지되면 점차 여유가 생기면서 자신의 인생의 방향과 목표, 생활 등을 재평가해 보는 시기를 맞게 된다. 이때 자신이 선택한 직장이나 직업이 마음에 들지 않는다는 생각이 들면 이직을 결심하게 된다. 또한 가정의 배우자와 자녀와의 관계에서도 결함이 있다고 발견되면 수정해서 새로운 전환을 시도하게 된다.

30대 후반은 성인 전기의 절정기로 자신이 선택한 직장과 가정에 대한 만족감이 높아지면 안정된 인생구조를 형성하여 가정과 직장에 더욱 큰 참여와 개입을 하게 된다. 그리고 여가 시간이 생기면 관심과 흥미를 갖고 있는 분야에 보다 깊이 개입하며 취미생활을 시작한다.

성인 전기는 자신이 원하는 직장이나 가정을 스스로 선택하는 시기이기 때문에 자율성이 매우 강조되는 시기다. 또한 결혼과 취업을 통해 새로운 가족관계와 대인관계가 형성됨에 따라 인간관계의 폭이 확장되고 새로운 유대관계에 대한 필요성이 증가한다.

따라서 성인 전기는 인생에서 가장 자신을 객관적으로 정확히 인식해야 하는 시기다. 자신의 능력에 맞는 직장을 선택해야 하고, 자신의 능력에 맞는 가정을 꾸려야 하기 때문에 자신의 높은 자존감이 필요한 시기인 것이다.

자신의 가치나 능력에 대해서 높게 평가할수록 자존감이 높아져서 좋은 직장과 성공적인 결혼을 하며, 좋은 가정을 꾸릴 수 있다. 하지만 자존감이 낮으면 취업에 대한 도전을 두려워하여 만족스럽지 못한 직장을 다니게 되거나, 실업에 놓이기 쉽다. 또한 좋은 배우자를 만나기도 어려울 뿐더러, 결혼이 어려워지기도 하고, 행복한 가정을 꾸리기도 어렵다.

성인 전기에 가장 필요한 과제는 친밀감의 형성으로, 넓어지는 인간관계 속에서 많은 영향을 받으며 살게 된다. 자존감에 영향을 주는 것은 부모보다는 배우자나 주변의 친구들에 의한 영향이 더욱 커진다. 따라서 성인 전기에 넓어지는 인간관계에서는 아무나 만나려는 생각보다는 자신에게 도움이 될 만한 사람들과 인간관계를 맺고 친밀감을 형성하는 것이 좋다.

성인 전기에서 형성된 자존감은 성인 중기를 행복하게 살아가게 하는 바탕이 되며, 인생의 상당 기간에 영향을 주게 된다.

만약 넓어지는 인간관계 속에서 친밀감을 발달시키지 못하면 고립감을 느끼게 되는데, 이런 경우 공허감, 소외감, 자기비하에 빠지면서 자존감이 떨어지고 성인 후기를 우울하게 맞게 된다.

06 l 성인 중기에 필요한 자존감

성인 중기는 통상적으로 40~60세까지를 말한다. 경제적 수준이 최고 수준에 도달하나 신체적으로 기능이 떨어지고 노화가 시작되어 활력이나 정력, 재능이 떨어지는 시기다.

성인 중기는 생물학적으로는 신체적 기능이 감퇴하는 노화현상이 나타나기 시작하며, 성적 생산 능력이 급격히 줄어드는 시기이다. 인간의 신체는 성인 중기 이후에는 연령이 증가함에 따라 그 효율성이 떨어지고 생체 구조와 기능이 쇠퇴하기 시작한다. 특히 시각과 청각 기능은 40세를 전후하여 기능상의 효율성이 떨어지기 시작하여 노안이 오기도 하고, 말소리를 잘 변별하지 못하는 노인성 난청이 시작되기도 한다. 또한 지각능력이 감퇴하고 뇌세포가 죽기 시작하면서 지능과 정보처리 능력이 감퇴한다.

특히 여성들은 신체적으로 폐경기를 맞게 된다. 폐경기가 되면 월경이 종료하며, 여성 호르몬인 에스트로겐의 감소로 몸에 열이 많이 나고 홍조현상이 생긴다. 폐경기는 신체적으로만 영향을 미치는 것이 아니라 심리적으로 매우 많은 변화를 가져 오는데 대표적으로 잦은 기분변화와 우울증을 들 수 있다.

건강관리를 제대로 못한 사람들은 성인 중기에 들어와 당뇨병이나 고혈압과 같은 성인병에 걸리기도 한다. 성인 중기에 형성된 신체적 특징은 노인기의 건강에 지대한 영향을 미치게 된다.

신체적으로 노화현상이 나타나고 기능이 떨어질수록 건강에 대한 관심이 증가하고, 건강을 유지하기 위하여 운동과 건강관리에 많은 시간과 경제력을 투자하게 된다.

40세 이후는 자녀출산 및 양육의 육체적 정신적 부담에서 어느 정도 해방되는 시기다. 성장하는 자녀로 부부애를 느끼며 결혼생활에 보람감을 느끼며, 다시 부부중심으로 가족관계가 형성된다.

오랜 부부생활은 생활양식의 동질화로 심리적 공감대가 넓어져 서로의 역할수행에 대해 이해하고 자기의 목표와 가족의 목표를 조화시키는 데도 익숙해진다. 그러나 각자의 가치관, 생활태도, 삶의 목표 등이 어긋나 타협과 조화를 이루지 못하면 부부 간에 갈등이 발생하게 되고, 결국에는 이혼에 이르게 된다.

50대 이후는 오랜 경제활동으로 인해 사회경제적으로 최고조의 지위를 갖는 시기다. 이 시기는 자녀들이 대학을 가게 되고, 점차 취업을 하게 되면서 경제적으로 독립하게 되고, 결혼을 통하여 분가를 하게 된다. 자녀의 분가나 자신의 노후 준비를 위해 경제적으로 부담이 큰 시기다. 따라서 경제적으로 여유가 있는 사람은 자녀의 학비나 결혼비용에 대하여 부담이 없지만, 경제적으로 여유가 없는 사람은 경제적으로 어려움을 겪게 되는 시기이기도 하다.

50대 후반으로 들어갈수록 부모 봉양에 대하여 고민이 생기고, 은퇴 후의 삶에 대한 관심을 가지고 노후를 행복하게 보내기 위한 준비를 하게 된다. 남성들은 은퇴를 하게 되면 수입이 감소할 뿐만 아니라, 사회적 지위의 상실, 자아 정체감의 상실, 사회적 유대관계의 감소, 역할상실을 경험하게 된다.

성인 전기에는 주로 외부의 시선을 중시하는 경향이 있으나 성인 중기에는 외부의 시선보다는 자신의 만족을 높이는 삶을 살려고 한다. 따라서 성인 중기에서 노년기로 갈수록 차츰 외적 활동의 중요성이 감소하고 내적인 측면에 관심을 기울이게 된다.

성인 중기는 사회경제적으로 최고조의 지위를 갖는 시기이기 때문에 성공적인 지위나 경제적으로 윤택한 사람들은 자존감이 높은 편이다. 그러나 은퇴를 하게 되면 수입이 감소해서 경제적인 어려움에 처할 수 있다. 경제적인 어려움을 느끼기 시작하면 자존감도 낮아지게 된다.

신체적으로는 노화현상이 나타나고 기능이 떨어지면서 자신감도 떨어지고, 자존감도 떨어지게 된다. 따라서 성인 중기에 자존감을 높이기 위해서는 자신의 신체적 변화를 이해하고 적응해야 한다. 뿐만 아니라 자녀를 책임감 있고 행복한 성인기에 진입할 수 있도록 지도해야 하며, 인생에서 새로운 의미를 발견하기 위하여 노력해야 한다.

07 l 노년기에 필요한 자존감

노년기는 60세 이후를 말하며, 성인 후기라고도 한다. 노년기는 체력과 건강이 악화되고 자녀의 출가와 은퇴로 인한 역할상실과 수입 감소, 그리고 배우자, 친지 및 친구들의 죽음으로 인한 상실감에 직면하는 시기이다. 따라서 이 시기에는 자존감이 약화되고 자신이 쓸모없는 존재라는 심한 무력감과 무가치함, 그리고 소외감과 외로움이 찾아올 수가 있다.

노년기가 되면 우선 신체적으로 급격히 노화현상이 나타난다. 노화현상은 외형적 변화, 신체내부기능의 변화, 감각기능의 변화를 가져온다.

① 외형적 변화

외형적으로 피부는 콜라겐과 탄력소 섬유가 파괴되어 탄력을 잃으면서 주름이 생기고 처지기 시작한다. 모발은 멜라닌 색소가 부족하여 흰머리가 많아지며, 머리숱이 줄어들기 시작한다.

치아는 잇몸이 수축되고 골밀도가 감소하면서 이가 빠지기 시작하며, 뼛속의 칼슘분이 고갈되어 뼈의 밀도가 감소하고 약해지면서 골절과 골다공증이 발생하며, 운동능력이 떨어지게 된다.

② 내부기능의 변화

내부적으로는 침, 위 분비액 감소, 소장·대장 운동성 저하, 변비 및 각종 장 질환의 발병율이 높아진다. 폐활량이 감소하고, 기관지 질환이나 호흡기 질환이 많아진다. 혈액순환 둔화, 고혈압, 동맥경화, 뇌졸중 등의 위험이 높아진다. 덥거나 추운 기온에 신체 적응속도가 느려지며, 멜라토닌(잠 호르몬) 분비 시간이 빨라지면서 일찍 자고 일찍 일어나게 된다.

③ 감각기능의 변화

시각은 눈의 수정체가 탄력성을 잃으면서 초점이 모아지지 않아 글을 읽는 것이 어려워지고, 어둠과 번쩍이는 빛에 적응하는 시간이 더 길어지면서 야간운전이 불편해지며, 백내장, 녹내장의 발병율이 높아진다.

청각은 청각세포와 세포막의 손상으로 고주파수의 소리를 듣지 못하는 노인성 난청이 시작되고, 이상한 소리가 들리는 이명현상이 나타나기도 한다.

미각은 혀의 맛 봉오리의 수가 감소하면서 단맛과 짠맛에 비해 쓴맛과 신맛에 대한 감각이 더 오래 지속되고, 점차 후각 기능도 마비되면서 음식의 맛을 느끼지 못하게 된다.

노년기에는 그 동안 바빠서 하지 못했던 새로운 취미생활이나 여가를 즐기면서 만족스럽게 살아가기도 한다. 반면에 경제적 어려움으로 고통을 받기도 하고, 건강이 악화되어 병원출입이 잦아지기도 한다. 또 우울증, 불안, 스트레스 등으로 정신건강이 나빠져 고통을 받기도 한다.

노년기를 받아들이는 유형은 다음과 같은 것이 있다.

<표 4-1> 노년기의 유형

구분	내용
만족형	노년기의 모든 상황을 즐겁게 받아들이는 사람들로, 현 상황에 만족하는 긍정적인 유형
은둔형	남들 앞에 나서는 것을 꺼려하는 성격이라 사람 만나는 것을 두려워해서 사람과의 만남을 줄이고 조용한 생활을 하는 유형
노력형	은퇴하고 나서 행복한 삶을 누리기 위해 새로운 직업을 찾거나 미래의 불안을 없애려고 노력하는 유형

분노형	노년기의 삶이 만족스럽지 못하거나 불행하다고 생각하는 사람이 그 원인을 사회나 다른 곳으로 돌리는 유형
자학형	노년기의 삶이 만족스럽지 못하거나 불행하다고 생각하는 사람이 그 원인을 자신에게 돌리는 유형
자아통합형	균형 있고, 조화로운 성격으로, 남은 인생을 설계하고 실천하면서 여가를 즐기고 봉사하는 유형

① 만족형

만족형은 모든 것을 좋게 보는 긍정적인 성격을 가진 사람들로서, 노년기의 모든 일을 즐기며 긍정적으로 생각하는 유형을 말한다. 이 유형은 노년기의 삶에 대해서 자신의 삶을 그대로 받아들이고 일상생활이나 대인관계에서 만족을 느낀다. 그리고 인생을 후회 없이 열심히 살아왔기 때문에 적당한 휴식을 취하고 있다고 생각하면서 노년기의 삶을 즐긴다. 일생이 값진 것이었다고 느끼고 미래에 대한 공포가 없으며 퇴직 후의 생활에 행복을 느끼며 산다.

② 은둔형

은둔형은 남들 앞에 나서는 것을 꺼려하는 성격이라 사람 만나는 것을 두려워해 사람과의 만남을 줄이고 조용한 생활을 하는 유형을 말한다. 이 유형은 직장을 다니면서 너무 지쳤던 사람들이 은퇴 후에는 모든 것에서 떠나고 싶을 때 나타난다. 그러나 일반적으로 직장을 은퇴하고 나서 스스로가 무능하다고 여겨 아무 것도 못한다고 생각하는 사람은 다른 사람을 만나면 스스로 무능력한 사람으로 인식하는 것이 두려워 사람을 만나는 것을 기피하게 된다. 결국 사람과의 관계를 줄이고 시골이나 사람들과 거리를 둔 외딴 곳에서 노후생활을 한다.

③ 노력형

노력형은 은퇴하고 나서 행복한 삶을 누리기 위해 새로운 직업을 찾거나 미래의 불안을 없애려고 노력하는 유형을 말한다. 이 유형은 노년기에도 새로운 일을 하기 위해 계속 무언가를 배우고, 직장을 다닐 때 회사 밖에서 가지고 있던 동창회나 모임 등의 사회 활동을 계속 유지하려고 노력하는 사람들이다. 그리고 노년기의 나태함이나 무력함을 받아들이지 않고 계속 새로운 것을 하기 위해서 애쓰거나 자신의 능력 감소를 막으려 노력하면서 산다.

④ 분노형

분노형은 노년기의 삶이 만족스럽지 못하거나 불행하다고 생각하는 사람이 그 원인을 사회나 다른 곳에 돌리는 유형을 말한다. 이러한 유형은 자신은 정상인데 회사에서 나를 쓸모없어서 일을 그만두게 하였다고 비통해 한다.

또한 노년기에 접어든 자신의 처지를 인정하지 않을 뿐만 아니라 자신이 불행하게 사는 이유를 정치나 사회구조 또는 가족이나 동료 등 다른 곳으로 돌리며 분노를 표현하면서 산다.

⑤ 자학형

자학형은 노년기의 삶이 만족스럽지 못하거나 불행하다고 생각하는 사람이 그 원인을 자신에게 돌리는 유형을 말한다. 자학형은 분노형과 비슷하지만, 분노형은 원인을 내가 아닌 주변 때문이라고 생각하는 반면, 자학형은 원인을 자신 때문이라고 생각한다. 이 유형은 노년기 자신의 삶을 실패한 것으로 보고, 그 원인을 자기 자신에게 돌리고 자신을 꾸짖으며, 살아온 삶을 후회하면서 산다.

⑥ 자아통합형

자아통합형은 균형 있고, 조화로운 성격으로, 남은 인생을 설계하고 실천하면서 여가를 즐기고 봉사하는 유형을 말한다. 이 유형은 가정과 사회에서 다른 사람들에게 긍정적인 영향을 미친다. 그리고 지나온 삶을 수용하며 자신을 사랑한다. 또한 타인을 돌보면서 다른 사람을 수용하고 나누고 베푸는 것을 실천한다. 그리고 다가오는 죽음을 잘 준비하여 아름답게 인생을 마무리해 나간다.

이 중에서 노력형이 노년기의 적응방식에 있어서 가장 이상적이라고 한다면, 만족형과 자아 통합형은 비교적 잘 적응한 경우이고, 은둔형, 분노형, 자학형은 적응에 곤란을 겪고 있다고 할 수 있다. 물론 이러한 적응방식은 일생을 통한 성격 형성 과정의 결과로 나타난다. 그러나 후천적으로 자존감을 높이면 부정적인 적응방식이라도 긍정적인 적응방식으로 바꿀 수 있다.

노년기의 다양한 삶의 모습들은 개인이 처한 상황, 즉 경제력이나 건강 수준에 따라 나타나기도 하지만 자신이 남은 제 3의 인생을 어떻게 계획하느냐에 따라 크게 달라질 수가 있다.

노화과정이란 단순히 신체·생물학적 감퇴와 죽음의 가능성이 증가하는 것 만을 의미하는 것이 아니라, 나이에 맞는 적합한 역할과 행동을 습득해가며, 오랜 동안의 경험을 통해 얻어진 지혜를 가지고 자신과 자신이 처해 있는 환경을 만족해 가면서 조절해가는 과정이다. 따라서 자신을 사랑하고 존중하며 가치를 높게 평가하는 자존감이 어느 때보다 필요한 시기다.

노년기에 자존감을 갖게 되면 자신의 인생과 노화현상을 긍정적으로 수용하면서 노년기를 행복하게 할 수 있다.

　노년기의 자존감은 주변의 가족, 친지, 친구들에 의하여 영향을 크게 받는다. 가족, 친지, 친구들이 자신을 긍정적으로 봐주고, 어려움이 있을 때 도움을 받을 수 있다는 믿음이 노년기의 자존감을 높여주는 것이다.

제5장
환경에 영향을 받는
자존감

01 l 가정에서 생기는 자존감

가정에서 생기는 자존감은 가정에서 느끼는 자존감을 말한다. 가정 자존감은 가족과의 관계에서 형성되는 것으로 가족 구성원들이 자신을 대하는 방법에 의해서 영향을 받음으로써 느끼는 자존감이다. 예를 들면 "우리 부모는 나를 신뢰하고 있어", "나는 우리 가족의 자랑거리야", "우리 부모는 내가 잘되길 바라고 있어"와 같은 것이다.

가정적 자존감은 가족 구성원들이 자신을 보호하고, 지지해 줄 때 자존감은 안정되고 바람직한 방향으로 형성되어 간다. 반면에 가족구성원들이 자신을 믿지 못하고, 적대적이며 엄격하면 가정에서 불안과 두려움을 많이 느끼고, 강박적 행동을 하거나, 자존감이 위축된다.

여기에서 주의해야 할 것은 부모의 무조건적인 사랑이라 해서 무제한적인 사랑을 말하는 것은 아니다. 무조건이란 말 그대로 조건이 없는 사랑을 주는 것을 말한다. 그러나 무제한적인 사랑이란 아이의 어떤 행동을 해도 사랑을 주는 것을 말하는데, 오히려 무제한적인 사랑은 아이에게 독이 될 수도 있다.

예를 들어서 아이가 잘못된 행동을 했는데도 훈육 없이 사랑만 준다면 아이들은 잘못된 인식을 형성할 수 있다. 따라서 아이들의 잘못된 표현이나 행동에 대해서는 차분히 설명하여 올바른 행동이나 표현을 가르쳐야 한다.

부모의 합리적인 가치와 기준이 명확할 때 아이의 자존감은 긍정적으로 자랄 수 있다. 하지만 아이의 잘못된 행동에 대해서도 부모의 무제한적인 사랑으로 그냥 넘어갈 때는 오히려 자존감 형성에 악영향을 주어 왜

곡된 자존감을 키울 수 있다.

어린 시절 부모의 완벽주의적인 양육방식 또는 아이들을 방치하거나, 무조건적인 거절, 정신적, 육체적인 학대 등의 경험은 유아의 무의식 속에 깊이 기억되어 성인이 되어서도 낮은 자존감을 갖게 하는 주요한 원인이 된다. 뿐만 아니라 부모가 자신이 원하는 아이로 성장시키기 위해 강압적이고 완고한 양육방식을 고수하는 것도 아이의 자존감을 떨어뜨리는 원인이 된다.

아이의 자존감을 높이는데 효과적인 부모의 활동은 아이에 대한 칭찬과 격려를 적절히 사용하는 것이다. 칭찬은 좋은 점이나 착하고 훌륭한 일을 높이 평가하는 것을 말한다. 사람은 누구나 칭찬을 받으면 상대방에게 인정받고 있다는 생각에 기분이 좋아진다.

아이들은 영유아 단계에서 부모와 거의 대부분의 시간을 보내고, 많은 것을 의존하기 때문에 절대적 존재인 부모의 칭찬은 아이에게 행복한 느낌을 주는데 가장 중요한 역할을 한다.

'칭찬은 고래도 춤추게 한다.'라는 말이 있듯이 칭찬은 아이들의 자존감을 높이는데 중요한 역할을 한다. 칭찬은 아이에게 가장 빠르게 자신감과 행복감을 갖게 한다. 그러나 진정성 없는 칭찬과 의미없는 칭찬의 남발로 인해 아이가 인정 중독에 빠지지 않도록 주의해야 한다.

예를 들면 잘하지 않는 행동에 대해서 잘한다고 칭찬받거나, 어떤 일이든 칭찬을 받아야만 한다는 인정중독에 빠지면 칭찬은 오히려 독이 될 수 있다. 인정중독에 빠진 아이는 칭찬이나 인정받기 어려운 일에 대해서는 도전을 꺼려하고 쉽게 포기한다. 항상 자신의 능력보다 낮은 목표를 세워 칭찬받는 것이 목표가 되는 경우가 많다. 당장 칭찬받을 수 없는 일에 대해서는 시도 조차하지 않는다.

02 ㅣ 학교에서 생기는 자존감

　학교에서 생기는 자존감은 학교에서 자신의 인지적인 능력에 대하여 느끼는 자신에 대한 자존감을 말한다. 학교 자존감은 학생들이 학교생활에서 정서적으로 안정되고 학교생활에 만족하면서 행복한 생활을 하는 것을 말한다. 학교는 학생들이 지식을 배우며, 사회인으로 성장하는 공간인 동시에, 인생을 살아가는 방법을 배우는 중요한 기관이다.

　학교자존감은 학교에서 성적이나 과제수행 정도에 의해서 영향을 받음으로써 느끼는 자존감이다. 예를 들면 "나는 머리가 좋아", "나는 능력이 있어", "나를 선생님이 좋아 해"와 같은 것이다.

　학교 자존감은 학교 내에서 친구, 교사들과의 관계 속에 형성되는 자신의 위치와 인식 등에 영향을 받으며, 여기에는 이성 친구와의 교제, 따돌림, 학습 능력, 성적 등 다양한 하위요인들이 포함된다. 예를 들면 학교에서 성적이 좋거나 성공적인 과제수행을 하게 되면, 자존감이 상승되고 또 다른 과제에 도전할 가능성을 증가시킨다. 반면에 학교에서 성적이 떨어지거나 과제수행을 잘 하지 못하게 되면 자존감이 저하된다.

　우리나라 청소년들의 경우 대부분의 시간을 학교에서 보내고 있어 행복감을 가장 많이 느낄 수 있는 곳이 학교이다. 학교는 학생이 학습활동의 즐거움과 심리적 안정감을 느끼고 대인관계를 배우며, 올바른 자아상을 정립하는데 가장 중요한 교육환경을 조성하는 곳이다. 그렇기 때문에 학생들이 학교에서 느끼는 행복감을 최대치로 끌어 올리는 것이 매우 중요하다.

학교에 대한 행복감이 높을수록 학교생활에 더 잘 적응할 수 있을 뿐 아니라 학생들의 전반적인 행복감 및 삶의 만족도에 긍정적인 영향을 미친다. 따라서 학생들의 자존감을 높이기 위해서는 학생들이 학교 자존감을 느끼도록 해야 한다.

학교에서 제공되는 환경과 다양한 상호작용은 학생들의 성장과 발달에 영향을 주고, 자존감을 높이는 역할을 한다. 학교 행복감은 단순히 청소년기에만 머무르는 것이 아니라, 학교에서의 교육과 경험은 청소년들의 발달과 긍정적 태도에 커다란 영향을 미쳐, 성인이 되어서도 평생의 삶을 풍요롭게 하는 밑바탕이 된다. 따라서 학교 행복감은 학생들이 학교생활 속에서 가져야 할 가치이자 학교에서 추구해야 할 교육적 목표가 된다.

학교에서 행복을 느끼는 것은 단순히 학교 행복감을 만들어 주는 요소보다는, 여러 요소가 주는 객관적 기준을 주관적으로 해석한 결과로 자신의 삶에 대한 주관적 인식이다. 따라서 학교 행복감을 높이기 위해서는 학교 행복감을 주는 일관된 기준이나 객관적 요소만을 따르기 보다는 학생들 각 개인의 성향과 특성을 파악해서 유연하게 그에 맞는 환경을 조성해 주어 학교 행복감을 느끼게 해 주는 것이 중요하다.

학교 행복감은 자존감이 높은 학생들이 자존감이 낮은 학생들보다 높으며, 대체로 연령이 낮을수록 높게 나타난다. 연령이 높을수록 학교 행복감이 낮아지는 이유는 학년이 올라갈수록 학업에 대한 부담과 스트레스가 커지고, 비판적 성향이 강해지기 때문이다.

학교 자존감을 구성하는 요소는 학교생활에서 오는 생활만족, 친구관계와 교사와의 관계, 자신의 학교생활 속에서 욕구를 충족하는 방법, 성적이나 능력에 대한 인정, 기쁨을 느끼는 수준이나 자기 존중감, 자기 통제력 등이 포함된다. 따라서 학교 자존감을 높이기 위해서는 이러한 학교 자존감을 구성하는 요소들을 고려하여 학생들에게 지도해야 한다.

학교 자존감을 높이는 구체적 방법을 보면 다음과 같다.

- 매일 반복되는 학교생활이지만 자신이 원하던 학교생활이라고 믿으며, 학교생활에서 만족을 느끼고 있다고 생각하게 한다.
- 친구와 원만한 관계를 맺거나 교사로부터 인정을 받는 방법을 알려 준다.
- 학교생활에는 교칙과 규정이 있지만 모든 것을 금지하는 것이 아니라 그 안에서 자신이 하고 싶은 것을 할 수 있는 방법을 가르쳐 준다.
- 학습에 대한 호기심을 유발하게 하여 새로운 것을 배울 때 학습활동의 즐거움이 생기는 것을 체험하게 해준다.
- 자신의 성적을 높이기 위한 공부 방법을 찾아내고 실천하여 성적이 높아지는 경험을 하게 해준다.
- 학생의 능력을 높이기 위하여 잠재능력을 찾아 복돋아 준다.
- 목표를 세워서 도달했을 때의 기쁨을 크게 느끼도록 지도한다.
- 학생들을 차별하지 말고 존재하는 것만으로도 자신의 가치가 높다는 인식을 갖도록 지도한다.
- 학교생활은 단체 생활이기 때문에 때에 따라서는 자기 통제력이 필요함을 설명해 준다.

청소년기에 교사의 역할은 청소년들의 자존감을 형성하는데 매우 중요한 영향을 미친다. 학생들이 행복한 학교생활을 하기 위해서는 다양한 요소가 필요하겠지만, 우선 학생들의 자존감을 높여주는 교사의 역할이 중요하다.

학생들의 자존감을 높여주기 위해서는 먼저 교사 본인의 자존감이 높아야 한다. 자존감이 높은 교사야 말로 자존감의 중요성을 알고, 학생들의 자존감을 높이기 위한 노력을 하게 된다. 교사가 학생에게 줄 수 있는 가장 위대한 선물 중 하나는, 바로 학생들의 자존감을 높여주는 것이다.

학생들에게 자존감을 높여주기 위한 교사의 역할을 보면 다음과 같다.

① 애정과 관심을 가져주는 교사

사람은 자기를 알아주는 사람을 위해 목숨을 바친다고 한다. 학생들도 마찬가지로 자기를 좋아해 주는 교사를 좋아한다. 자기를 좋아하는 교사가 수업을 하면 수업도 좋아져, 열심히 공부하게 된다. 실제로 학생들을 애정으로 대하는 수업에는 문제행동을 하는 학생이 하나도 없이 모범적인 수업이 되는 경우가 많다.

학생에 대한 애정과 관심이 가득한 교사는 얼굴에 진심이 그대로 나타난다. 교사의 따뜻한 마음을 학생들도 느끼게 되고, 학생들은 존중받고 인정받는 자신에 대해 긍정적인 자아를 형성하게 된다. 학생에 대한 교사의 애정은 잠재적 교육과정으로 학생들의 자존감을 높여 준다. 이처럼 교사가 평소에 학생들과 따뜻한 인간관계를 맺을 때 학생들은 수업시간에 집중하게 되고, 교사의 지도에 적극적으로 따르게 된다.

교육은 사랑을 바탕으로 고도의 변화를 요구하는 활동이기에 학생에 대한 진실한 애정과 관심은 학생의 자존감을 높이는 가장 좋은 방법이다.

수업 중에 학생들의 이름을 불러주고, 복도에서 지나칠 때 인사 해주고, 체험학습 가서 사진 같이 찍고, 더 많은 관심이 필요한 아이들에게 어깨 두드려 주며 격려해 주고, 수업 중에 학생들의 인격을 배려하는 수업을 하는 것 등 여러 방법이 있을 것이다.

② 차별하지 않는 교사

성인도 차별받게 되면 기분이 나쁘기 마련이다. 하물며 청소년기의 학생들은 자신이 차별받고 있다는 생각을 갖게 되면 분노를 느끼게 된다.

인정받는 학생은 좋겠지만 차별받은 학생은 교사에 대해서 반감을 갖게 된다. 수업 시간에는 존중받지 못한다는 생각에 의욕이 상실되어 잠을 자며 시간을 보낸다. 생활지도를 할 때는 반항을 하게 된다. 교사들이 객관적 입장에서 학생의 말을 경청하고 수용하며, 애정 어린 시선으로 공평하게 대해 준다면 모든 학생들의 자존감은 높아지게 될 것이다.

③ 칭찬과 격려해 주는 교사

사람은 누구나 격려와 칭찬을 받으면 기분이 좋아진다. 수업 중에 교사가 학생들에게 주는 격려와 칭찬은 학생들의 자존감을 높여 수업에 몰입하게 하는 역할을 한다. 특히 칭찬과 격려는 학생과 교사와의 거리를 좁혀 친밀감을 형성할 수 있게 해주고, 학생들이 수업에 적극적으로 참여하게 한다.

비록 질문에 대한 학습자들의 대답이 기대한 것이 아니거나 발표가 기대치에 미치지 못했다 하더라도 일단 학습자의 의견이나 노력을 인정하고 칭찬과 격려를 해 주어야 한다. 부족하더라고 노력하는 모습에 대해서는 "아주 잘했어요.", "그렇게 하면 돼요.", "아주 잘하고 있어요."라고 격려해 주면 수업에 더 적극적으로 참여하게 되고 자신에 대한 존중과 믿음이 생기면서 자존감이 높아진다.

학생들과 만났을 때 인사만 할 것이 아니라 학생들의 장점을 찾아서 칭찬과 격려를 해주면 선생님께 자신의 존재와 가치를 인정받고 있다고 느끼면서 자존감이 높아진다. 예를 들어 교무실에 청소하러 온 학생을 보고 "철수는 정말 정확하구나. 정해진 시간을 한 번도 어기지를 않네."라고 칭찬해주자. 학생은 청소하러 왔다가 자신을 칭찬해준 선생님을 한결 친근하게 느끼게 되고 존경하게 될 것이다.

④ 꿈을 심어주는 교사

교사는 학생들의 미래에 대한 희망과 진로에 대해 관심을 갖고, 미래를 안내해 주는 빛과 같은 역할을 해야 한다. 학생들은 목표와 꿈을 갖게 되면 자존감을 갖게 된다.

따라서 교사는 수업 중에 미래의 변화, 위인이나 명사, 주변의 학창 시절 이야기, 시사 뉴스, 사회적 이슈, 명언, 명구, 사자성어, 양서의 내용 등을 인용한 의미 있는 훈화를 통하여 학생들의 다양한 능력을 함양할 수 있는 길을 안내하여 학생들의 자존감을 높여주는 것이 좋다.

⑤ 상담을 잘해주는 교사

학생들은 개인별로 다양한 어려움과 고민을 가지고 있다. 상담을 통하여 학생들의 고민을 들어주고 길을 안내해 주고, 학생 개개인에 대한 이해 및 학생 상호 간의 이해를 높이게 되면 학생들의 자존감은 높아진다.

특히 부적응 학생 및 요선도 학생들은 더욱 따뜻하게 대해 주고, 가정과 연계한 학부모와의 상담, 전화상담을 수시로 하는 것이 필요하며, 학교 홈페이지를 통한 학급상담 코너를 마련하여 수시로 상담 활동을 전개하여 애로점과 문제점을 해결해 줌으로써 자존감을 높여준다.

⑥ 개방적이고 민주적인 교사

학교는 다양한 구조로 되어 있으며, 학생들도 다양한 구성원이 만든 집단이므로 교사도 개방적이고 다원적인 가치를 지녀야 한다.

교사의 개방적이고 다원적인 가치는 학생들의 개별 가치를 인정하는 것으로써 학생들의 자존감을 높일 수 있는 중요한 포인트다. 즉 교사가 학생들의 개성을 존중해 주면 자신의 특이한 부분도 인정받는다고 느껴 학생들의 자존감이 높아지게 된다.

⑦ 솔선수범하는 교사

학생들에게 교칙이나 기본생활 습관을 지키라고 요구하기 보다는 선생님이 직접 솔선수범하는 모습을 지속적으로 보이면 학생들은 자존감이 높아지게 된다.

예를 들면 "학교에 휴지를 버리지 말라"고 하기보다는 먼저 선생님이 휴지를 버리지 말아야 하며, 학교에서 휴지나 쓰레기를 매번 줍는 것을 학생들이 본다면 휴지를 버린 학생들은 미안하다는 생각이 들어 자신도 그렇게 해야 한다는 생각을 가지면서 자존감이 높아지게 된다.

학생들의 자존감을 높여 주는 것은 학생들이 행복한 학교생활을 할 수 있도록 도와주는 것이다. 교사들은 직접 학생들과 수업에서 만나 학생을 지도하고, 생활지도를 하기 때문에 자주 볼 수 있는 기회가 있다. 학교에 재직하는 동안 단순히 교사와 학생으로 학교에서 만났다고 하더라도 의미 없이 그냥 지나치기만 한다면 형식적인 관계로 학생과 더 이상 친해질 수 없다.

학생의 자존감을 높이는 방법은 교사의 기계적이고 형식적인 태도로 만들 수 있는 것이 아니라 학생들에 대한 진심어린 관심과 존중이 바탕이 되어야 한다. 학생들의 자존감이 높아지게 되면 교사가 하는 생활지도를 잘 받아들이게 될 뿐만 아니라, 학생의 인생 목표를 변화시키거나 결정짓는데 영향력을 미치는 존경받는 교사로 남을 수 있다.

03 l 사회에서 생기는 자존감

사회에서 생기는 자존감은 사회에서 만난 친구나 사람들과의 인간관계에서 느끼는 자신에 대한 자존감을 말한다. 예를 들면 "사람들이 나를 좋아 해", "내 친구들은 나를 믿어", "내 직장동료들은 나를 필요로 해"와 같은 것이다.

사회적 자존감은 친구나 사람들이 자신을 좋아한다고 생각하면 자존감이 높아지나, 자신을 좋아하지 않는다고 생각하면 자존감이 떨어진다.

대인관계는 두 사람 혹은 그 이상의 사람들 간의 역동적이고 지속적인 상호작용의 복합적인 과정을 말하며, 쉽게 말하면 사람 사이의 관계를 말한다. 대인관계 능력은 집단 속에서 타인과 친밀한 관계를 유지하고 발전시켜 나갈 수 있는 개인의 능력을 말한다.

대인관계 능력이 높은 사람은 다른 사람들의 마음, 감정, 느낌을 잘 이해하고 수용함으로써 다른 사람과 효과적이고 조화롭게 상호 활동을 할 수 있게 된다. 그리고 자신을 포함한 사람들의 정서, 사고, 행동을 이해하고 공감하며 이를 바탕으로 자신의 감정을 조절하거나 타인의 언행을 예측하고 적절하게 반응하게 된다. 자존감이 높은 사람들은 대인관계 능력이 높으며, 대인관계를 잘하면 자존감은 높아지게 된다.

사람은 사회적인 존재로 혼자서는 살아갈 수 없는 존재이기에 태어나면서부터 끊임없이 다른 사람들과 관계를 맺으며 살아간다. 인간은 대인관계에 관심을 갖고, 좋은 관계를 맺고 싶어 하며, 그 관계 속에서 편안하길 바란다. 따라서 인간은 누구나 대인관계 능력을 갖고 싶어 한다.

사회의 구성원으로 살아가면서 적응하는데 있어 대인관계가 중요한 만큼 대인관계에서 문제가 생기면 사회생활이 어려워짐은 물론 심리적으로도 힘들어지게 된다. 실제로 심리적 장애의 대부분은 사실상 대인관계 문제로 인해 유발되는 것으로 알려져 있다.

발달 단계별로 친구, 동료, 연인, 가족 등과 같은 주변사람들과 친밀한 대인관계를 형성하는 것이 중요한 발달과제 중 하나이며, 이 시기에 친밀하고 효율적인 대인관계를 형성하는 능력을 개발하지 못하거나 그러한 관계를 형성하지 못하면 고립감과 공허감 등의 심리적 혼란을 경험하게 된다.

건강한 대인관계는 자신을 상대방에게 적절히 표현할 수 있고, 상대방으로부터 이해와 우호적인 피드백을 받을 수 있으며, 서로에 대한 이해의 폭이 넓고, 서로의 성장을 진정으로 바라고 돕는 관계, 서로 깊은 관계를 유지하면서 개인의 정체감과 독립성이 보장되는 관계라고 할 수 있다. 따라서 대인관계 능력이란 이러한 건강한 대인관계를 맺을 수 있는 개인의 역량이라고 볼 수 있다.

자존감에 영향을 주는 가장 커다란 요인은 바로 대인관계다. 우리는 부모, 형제, 친척, 혹은 학교선생이나 친구, 직장 동료 등 우리 주변 사람들과의 상호작용을 통하여 자아개념을 습득하게 된다.

자존감은 자신에 대한 주관적인 평가인 동시에 타인의 행동과 평가에 의해 영향을 받는 상호교환적인 성격을 지녔기 때문에 영향을 받을 수 밖에 없다. 자존감이 높은 사람은 자기 자신을 사랑하듯 타인을 있는 그대로 존중하기 때문에 타인의 행동과 평가에 대해 긍정적인 영향을 받는다. 사람들과 좋은 관계를 유지할 수 있고 대인관계 능력이 높다. 자존감과 대인관계는 이처럼 서로 밀접한 상호관계를 가지고 있다.

제6장
자존감을 높이는 자기 탐색

01 ㅣ 자기 탐색의 의미

자존감을 높이기 위해서는 우선 나 자신을 탐색하여 자신을 보다 더 이해하고, 동시에 자기를 있는 그대로 개방함으로써 보다 생산적이고 성숙한 인간이 되도록 해야 한다. 자기 탐색은 '나는 누구인가?'에 대한 답을 찾아가며 이로 인해 자신에 대한 개념을 확립해 나가는 것을 말한다. 자기 탐색은 자기의 사고, 감정, 행동에 대한 정확한 이해이며, 자신에게 해가 되는 것은 하지 않게 되고, 득이 되는 것을 하면서 자신을 더 성숙하게 발전시킨다.

자기 탐색은 자기이해, 자기수용, 자기개방의 과정을 거치면서 형성된다.

가. 자기이해

자기를 이해한다는 것은 대인관계나 이와 관련된 자기의 행동을 포함하여 자신의 심신에 관한 여러 상태를 현실적으로 이해하는 것을 말하는데, 이는 자기경험을 진실되게 탐색하는 과정을 통하여 가능하게 된다.

진정한 자기이해가 이루어지면 자신이나 다른 사람에 대해 좀 더 관대해질 수 있으나 이러한 이해는 결코 간단하지 않으며 지속적이고 체계적인 통찰을 통해서 가능하다.

나. 자기수용

자기수용이란 자기 자신의 신체적 조건이나 생리적 현상을 있는 그대로 경험하고 받아들이는 것이며 나아가 자기 자신의 느낌, 생각, 행동 등을 자기의 것으로 인정하고 책임을 지는 것이다. 또한 두려움, 불안, 분노 등 자신이 느끼고 있는 감정을 솔직히 인정하고 받아들이는 태도이며 순간순간의 생각과 행동을 있는 그대로 자기의 것으로 시인하고 책임지는 것이다. 이는 자신의 처지를 현실 그대로 인정하고 이에 직면하는 태도를 가지는 것을 말하기도 한다.

다. 자기개방

자기개방은 다른 사람에게 있는 그대로의 자기를 솔직하게 나타내 보이는 것이며, 자신의 생각이나 느낌을 포함하여 모든 것에 대해 있는 그대로 솔직하게 상대방에게 나타내 보이는 것이다.

자기개방은 건전한 성격 형성에 꼭 필요한 것이며, 자기개방을 통하여 타인과의 의미있는 관계를 발달시킨다. 그럼에도 우리는 자신의 모습을 그대로 타인에게 개방하지 못하고 가면을 쓴 채 행동하기 쉬우며 그 결과 불안, 긴장, 고독 등의 비생산적인 삶을 살면서, 귀중한 심리적 에너지를 낭비하기도 한다. 또한 무조건적인 자기개방도 바람직한 것이 아니다. 때와 장소를 가리고, 준비된 상대에게 적절히 개방하는 능력을 기르는 것이 필요하다.

02 l 그림자 탐색과 수용

　분석심리학자 칼 구스타프 융(Carl Gustav Jung)은 인간에게는 '공격성, 잔인성, 부도덕성'과 같은 어둡고 사악한 측면이 자리하고 있다고 했다. 즉 그림자는 내가 원하지 않는 인격의 어두운 부분이고, 인간행동의 내면에 숨어 있기 때문에 '그림자(Shadow)'라고 부른다.

　그림자는 내면에 숨어 있다가 사람이 신체적, 심리적, 인지적인 분열이 오는 순간 순식간에 겉으로 드러난다. 특히 사람이 자존감이 떨어져 자신이 무능하다고 느끼거나, 우울한 마음에 빠져버리거나, 다른 사람과의 관계가 나빠질 때 그림자는 표현된다. 그림자가 자주 겉으로 드러나는 사람을 우리는 '이중인격' 혹은 '다중인격'이라고도 부른다.

　그림자가 나쁘다고 해서 무조건 부정하거나 부인할 것이 아니라, 자신의 그림자로 이해하고 받아들이면 마음이 편해진다. 일반적으로 사람은 자신이 싫어하는 사람의 잘난 척하는 모습, 얌체같은 모습, 징징거리는 모습 등을 미워하게 되는데, 이는 자신의 그림자를 무의식적으로 타인에게 투사해서 나타나는 현상이기도 하다.

　사람은 누구에게나 잘난 부분과 못난 부분이 있다. 당연히 못난 부분도 나의 일부이지만, 나를 힘들게 하기 때문에 인정하기가 쉽지는 않다. 그래서 자신의 못난 부분을 가리기 위하여 가면을 쓰고 그럴듯한 척하면서 자기를 포장하게 된다. 우리는 자신의 못난 부분인 그림자를 부정하고 버리려고 할수록, 신경써야할 부분이 많아져 세상을 사는 것이 힘들어 진다. 하지만 그림자를 인정하면 자신 및 타인에게 관대해져서 세상살이가 편해진다.

　그림자를 인식하는 것은 곧 자기 탐색에 이르는 관문이다. 즉. "내 그림자는 무엇일까?", "나의 여정은 어디로 향해 가고 있는 것일까?", "나의 개성화를 위해 내가 해야 할 것들은?"을 탐색해 나가면 자존감은 점점 높아진다.

일반적으로 30개 월이 되면 유아들은 그림자의 특성을 이해하는 것으로 알려져 있다. 자신이 모양을 바꾸면 그림자도 모양을 바꾸고 자기가 움직이면 그림자도 움직이는 것을 안다. 그리고 거울에 비치는 것이 자신임을 알게 된다. 이들은 눈에 보이는 것 너머의 세상을 보기 시작한다. 따라서 30개 월 이상 된 유아부터 성인에 이르기까지 그림자놀이를 통해서 자신의 부정적인 그림자를 인식하고, 인정하는 훈련을 할 수 있다.

아이들은 「까만 토끼」 그림책을 읽으면 그림자를 인식하고 이해하게 된다.

> 잠에서 깬 토끼가 굴 밖으로 나와 보니 거대한 까만 토끼 한 마리가 있었어요. 토끼는 겁에 질려 "저리가 까만 토끼야."라고 소리쳤지만, 까만 토끼는 꼼짝도 하지 않았죠. 겁에 질린 토끼는 달렸어요. 나무그늘 뒤에 숨어보고, 물속으로도 들어가 보았지만, 까만 토끼는 계속 토끼의 옆에 있었어요.
>
> 작고 하얀 토끼는 자신의 까맣고 큰 그림자를 보고 당황하며 계속 도망을 치다가 깊은 숲속으로 뛰어가 가까스로 까만 토끼 그림자를 따돌렸다고 생각하지만 거기엔 까만 눈동자를 가진 정말 무서운 늑대가 있었어요. 근데 깜짝 놀랄만한 일이 일어나요. 잡아먹힐 위기에 놓인 그때, 햇빛이 쨍하고 비치자 토끼의 그림자가 생기더니 늑대가 갑자기 멈춰 선 후 겁에 질린 얼굴로 꼼짝도 못 하는 거예요. 바로 늑대는 토끼의 그림자를 보고 겁을 먹고 도망을 갔던 것이었죠.

토끼는 뒤를 돌아보고 까만 토끼가 거기에 서 있다는 것을 알았어요. 더 이상 토끼는 까만 토끼를 무서워하고 피할 이유가 없다는 것을 알게 되었지요.

「까만 토끼」 그림책을 읽고 아이들에게 "넌 어떨 때 큰 그림자 같은 두려움을 느끼니?", "어떻게 하면 두려움을 없앨 수 있을까?", "두려움이 생기면 어떻게 하면 될까?" 등의 질문을 통해 아이는 자신의 그림자를 인식하고 수용하게 된다.

자존감을 높이려면 그동안 부정하며 밀쳤던 것들을 인식하고 수용해야 한다. 자신이 비난하고 인정하고 싶지 않은 요소가 내 안에 있다고 인정될 때, 나에게 도덕적인 갈등은 사라지게 된다. 오히려 자신이 가진 그림자를 수용하면서 그림자 안에 가려 보이지 않던 힘을 창조적으로 활용하게 되어 행복해지게 된다.

그림자와 관련한 또 한 권의 추천하는 그림책으로 「내 그림자에 오줌 싸지 마!」를 권한다. 그림자는 나의 것이다. 내 약한 모습도 소중한 내 일부다. 외면하기보다는 인정하고 끌어안아야 한다. 시간을 들이고 정성을 주었을 때 그림자와 함께 자신을 있는 그대로 사랑할 수 있다.

03 l 자기표현 능력

현대사회를 일컬어 자기표현의 시대라고 한다. 자기를 표현하기 위해 가장 많이 사용하는 방법은 말하기다. 자기주장훈련 전문가인 하버트 펜스터하임은 "자신을 표현할 수 있는 정도가 자존감의 정도를 결정한다."라고 말한다.

자기표현은 상황에 맞게 특히 중요한 상황에서 하는 것이고 때로는 침묵하는 것도 필요하다는 것이며 자기표현의 가장 좋은 점은 자기다운 삶을 살게 된다는 것이다. 우리의 일상 중 대부분은 다른 사람과의 의사소통을 통해 이루어진다는 점에서 나의 생각과 감정을 적절히 표현하고, 전달하는 것은 매우 중요하다.

자기의 의사 표현을 정확하게 하지 않는 것은 아이들만이 아니라 어른들도 마찬가지다. 혹여 주위 사람들에게 무시당할까봐 자존심을 세우기도 하고, 상대방의 호의를 고맙게 받아들이지 못한 채 의도를 의심하기도 한다.

자기표현 능력이 부족한 아이들에게는 「거북아, 뭐하니?」를 통해 자기표현 능력을 높일 수 있다.

주인공 거북은 친구를 만나기 위해 바삐 걸어가다가 언덕 위에서 굴러 떨어지는데, 그 바람에 몸이 뒤집히고 만다. 혼자서 몸을 다시 뒤집어보려고 버둥거리는 거북. 마침 지나가던 참새가 "거북아, 뭐해?"하고 묻는다. 뒤집어진 몸으로 팔다리를 휘적거리는 자신의 모습이 창피해서 거북은 말했다. "보면 모르니? 수영 연습하고 있잖아"

거북은 지나가는 동물들에게 도움을 요청하지 않고 잔뜩 허세를 부렸다. 토끼에게는 하늘을 보고 있다는 핑계를 대고, 멧돼지에게는 자기 등껍질 아래에 맛있는 것이 있으니 찾아보라고 거짓말을 한다. 멧돼지가 등껍질 아래로 코를 들이밀면 혹시나 몸이 뒤집히지 않을까 기대한 것이다. 심지어 힘센 악어를 일부러 놀리기까지 한다.

결국 악어는 거북에게 튼튼한 꼬리를 휘두르고 거북은 공중으로 휙 날아간다. 성공했다고 기뻐했지만, 거북은 또 다시 뒤집힌 채로 땅에 떨어져 버렸다. 거북이 쿵 떨어지는 소리에 무슨 일인가 싶어 나온 두더지가 도움의 손길을 내밀었다. 하지만 "도와줄까?"라고 묻는 두더지에게 거북은 오히려 볼 멘 소리를 한다. "됐거든" 친구의 호의마저 거절해 버린다.

거북이 거짓말을 한 것은 참새에게는 부끄러워서, 토끼는 자기를 느림보라고 놀려댔던 친구여서, 원숭이는 수다쟁이라 친구들에게 소문을 낼까봐 걱정이 돼서 등이었다. 시간이 더 흐르고, 이러다 죽을 수 있다는 생각에 아무도 없는 허공에 외친다. "도와줘", "살려줘". 결국 두더지가 다시 나와 거북이를 도와주어 배를 뒤집을 수 있었다. 창피한 거북이는 두더지에게 고맙다는 인사도 하지 않고 황급히 집으로 돌아갔다.

책에 등장하는 거북이처럼 어려운 상황에 처해도 주위에 알리거나 도움을 요청하지 못하는 아이들이 있다. 어떤 엄마들은 "분명 무슨 일이 있었던 것 같은데 아무리 물어봐도 말을 안해요. 얘기를 해야 위로를 해주든 도와주든 하지요. 정말 답답해 죽겠어요."라고 하소연 한다. 「거북아, 뭐하니?」 읽고, 자기표현의 중요성을 찾게 하고, 자기표현 방법을 알려주면 좋겠다.

자기표현이 왜 중요한지를 알려주는 또 다른 그림책 「곰씨의 의자」를 추천한다.

자기표현 방법은 다음과 같다.

- 자기표현은 때와 장소에 따라서 달라질 수 있지만, 상대방이 이해하기 쉽고, 구체적으로 말해야 한다.
- 현재 상황에 대해 바로 표현하지 않고 멈추고 잘 관찰하는 것이 필요하다. 나는 무엇을 원하는지, 내가 느끼는 것이 사실인지, 상대는 나의 도움을 필요로 하는 것인지 등을 확인해야 한다.
- 자기표현이 항상 좋은 것은 아니라, 다른 사람에게 부담을 줄 수

있으므로 주의를 해야 한다.

- 자기표현을 통해서 원하는 바가 이루어지지 않을 수도 있다는 것을 알아야 하며, 설령 그렇다 하더라도 노력하는 것 자체에 의미를 두어야 한다.
- 자기표현 행동을 하는 데는 다른 사람의 권리도 염두에 두어야 한다.
- 자기표현을 하는 데는 다른 사람에 대해 긍정적인 도움말을 주는 것도 중요하다.
- 건강한 자기표현은 나와 상대의 권리를 인정하고 표현하는 것이다. 상대의 권리를 무시하고 표현을 하면 공격적인 자기표현이고 자신의 권리를 무시하고 표현을 하면 순응적인 자기표현이다.

04 | 존재감

존재감은 자신이 실제로 있다고 생각하는 느낌을 말하며, 자신이 존재하는 것만으로도 자연스럽게 우러나오는 느낌을 말한다. 존재감은 인간이 가지는 자연스러운 본능이며 욕구다. 그래서 존재감을 가진 사람은 자신감있게 세상을 살아가고, 자기표현을 잘 하지만 존재감을 갖지 못한 사람은 자신감 없이 세상을 살아가고 자기표현을 제대로 하지 못한다. 사람들은 누구나 존재감을 찾기 위하여 고민한 경험들을 가지고 있다.

존재감을 갖기 못한 아이들에게는 「강아지 똥」 을 읽게 하면 존재감의 의미와 중요성을 알게 되어 존재감을 갖기 위해 노력하게 될 것이다.

「강아지 똥」은 존재감의 중요성을 아이들에게 고스란히 전해줄 수 있는 따뜻한 그림책이다.

> 강아지 똥은 자신을 스스로 더럽고 하찮다고 여겼다. 그러나 민들레가 꽃을 피우기 위해서 반드시 필요하다고 하여 자신을 희생하여 민들레꽃을 피운다.

보잘 것 없는 강아지 똥도 쓸모가 있듯이, 세상에 쓸모없는 존재는 없다는 것을 알려준다. 그리고 민들레는 자신이 쓸모없다고 생각하는 강아지 똥에게 중요하고 쓸모 있는 존재라는 것을 알게 해 주었다.

강아지 똥은 자신도 누군가에게는 도움이 될 수 있는 소중한 존재임을 깨닫는 순간 비로소 자신을 사랑하는 마음이 싹트게 되었다. 자신을 사랑하는 것은 바로 스스로를 귀하고 소중하게 생각하는 것에서부터 시작된다. 따라서 자존감은 자기 스스로 귀하고 소중하다는 존재감을 느끼는 것에서부터 시작된다는 것을 의미한다.

사람들 중에는 자신을 쓸모없고 변변치 않다고 여길지 모르겠지만, 다른 사람이 어떻게 생각하든 스스로 의미를 가지고 최선을 다해 살아간다면, 강아지 똥이 아름다운 꽃을 피울 수 있듯이 행복한 삶을 살 수 있게 될 것이다.

05 ㅣ 자아정체감

자아정체감(自我正體感)은 자기의 성격, 취향, 가치관, 능력, 관심, 인간관, 세계관, 미래관 등에 대해 지속적으로 인식하고 있는 상태를 말한다. 한마디로 말해서 자아정체성은 내가 누구인지를 깨닫고 내가 무엇을 좋아하는지, 싫어하는지에 대한 판단을 오랫동안 유지하는 것이다. 따라서 자아정체감은 인간이 겪어 가는 각 인생 과정에서 본인이 부딪치고 있는 현실의 상황과 관련하여 그 속에서 그가 절실하게 느끼고 있는 자신에 대한 주관적이면서도 객관적인 자신의 신체적·사회적 감각을 말한다.

자존감은 자신의 가치를 인정하고 자기 자신에 대하여 유능하고 능력 있는 존재로 여기는 생각이기 때문에 자신을 정확히 아는 자아정체감은 자존감 형성의 중요한 요소 중 하나가 된다.

인간이란 자기를 어떻게 생각하느냐에 따라 사는 모습이 달라진다. 즉 자아가 너무 낮으면 성취욕구가 없고, 반면에 자아가 너무 높으면 심한 좌절과 자기 불신에 빠지게 된다. 그리고 자신을 긍정적으로 보는 사람은 자신을 능력 있고, 존재 가치가 있다고 생각하게 된다. 그러나 자신을 부정적으로 보는 사람은 자신을 무능하거나 무가치하다고 생각하기 쉬우며, 또한 자신을 불신의 눈으로 보게 된다. 따라서 정확한 자아정체감의 형성은 자존감을 형성하는데 매우 중요한 역할을 하게 된다.

자아정체감을 갖게 되면 개인이 자신의 제반 특성을 정확히 파악하고, 자신의 자아를 실현시킬 수 있는 일이 과연 무엇인가에 대하여 자기 나름대로의 인식을 하거나 생각을 갖게 만들어 준다. 또한 자아정체감을 갖게 되면 자신의 특성들을 정확히 이해하기 때문에 한 번 시작한 일을 끝까지 추진하려는 성향을 보인다.

자아정체성을 형성하지 못하면 목표를 세우기 어렵고, 목표를 세워도 끝까지 추진하지 못하고 중간에 포기하는 경향이 나타난다. 이러한 자아정체감은 의사결정을 되풀이하는 과정에서 성숙해질 수 있으며, 새로운 경험을 쌓을수록 발달하게 된다.

원래 자아정체감은 청소년기에 확립해야 한다. 청소년기에 형성을 하지 못하게 되면 평생 살면서 자아정체감을 제대로 찾지 못하여 목표의식을 갖기 어렵고, 진로설정이 어렵게 된다. 따라서 청소년기에 자아정체감을 명확하게 발달시켜 자신에 대한 인식과 의미를 일관성 있게 유지하는 일은 전인적 인격형성에 매우 중요한 일이라고 할 수 있다.

자아정체성이 제대로 형성되지 않은 아이들에게는 「너는 특별하단다」가 도움을 줄 수 있다.

작은 나무인 웸믹들은 서로의 몸에 표를 붙이며 지냅니다. 노래를 잘하거나 높은 상자 뛰어넘기처럼 무언가 잘하는 웸믹에게는 금빛 별표, 별다른 재주가 없는 웸믹에게는 잿빛 점표를 붙여 줍니다.

주인공 펀치넬로는 안타깝게도 잿빛 점표가 잔뜩 붙은 웸믹입니다. 뭘 해도 늘어만 가는 잿빛 점표에 스스로 좋은 나무가 아니라고 여깁니다.

어느 날 별표도 점표도 붙이기만 하면 떨어지는 웸믹 루시아를 만납니다. 펀치넬로는 루사아처럼 아무 것도 붙지 않은 깨끗한 나무가 되고 싶다고 생각했습니다. 루시아는 "나는 매일 엘리 아저씨를 만나러 가는 것 뿐이야. 이유를 알고 싶으면 직접 알아봐"라고 펜치넬로에게 모든 웸믹을 만든 목수 엘리 아저씨를 만나 보라고 합니다.

펀치넬로는 웸믹들이 서로에게 별과 점표를 붙이는 모습을 보고 '저건 옳지 않아'라고 생각했고, 용기를 내어 아저씨를 찾았습니다. 아저씨는 "난 네가 아주 특별하다고 생각해"라고 온화한 목소리로 펀치넬로에게 말했습니다. 그리고 "난 결코 좋지 못한 나무 사람을 만든 적이 없다"고 말하는 것이었어요.

그때부터 펀치넬로에게는 새로운 변화가 생깁니다. 펀치넬로는 '남들이 나를 어떻게 생각하느냐가 중요한 것이 아니라 내가 나를 어떻게 생각하느냐가 중요하다'고 생각하게 되었죠. 그 순간 펀치넬로에게서 점표 하나가 떨어져 나갔습니다.

루시아가 다른 웸믹과 달리 별표도 점표도 붙지 않은 것은 다른 웸믹들의 평가에 영향을 받지 않는 것 때문이었습니다.

사람들은 사회생활을 하면서 다른 사람들로부터 다양한 평가를 받는다. 칭찬을 받기도 하지만 책망이나 비난을 받기도 한다. 그때 마다 자존감이 오르락내리락하면서 웸믹과 다를 것이 없다. 여기에서 빠져나오려면 타인의 평가에 영향을 받지 않도록 자신이 중심에 있어야 한다.

루시아는 엘리 아저씨라는 자신을 만든 창조주의 사랑을 받고 있다는 믿음을 지니고 있었다. 우리는 사랑하는 사람이 있을 때, 사랑받고 있다고 확신할 때, 무언가에 푹 빠져 있을 때에는 다른 사람으로부터 어떤 말을 들어도 크게 흔들리지 않는다. 이미 내 안에 주위의 평가와 상관없는 자아정체감이 생겼기 때문이다.

자아정체감이 제대로 형성되면 자신을 정확히 이해할 수 있기 때문에 외부 상황에 대한 이해와 판단도 정확하게 할 수 있으며, 자신의 참모습을 알고 자신에 대한 깊은 성찰과 탐색을 통하여 행복한 삶을 선택할 수 있는 능력을 기를 수 있다.

06 ┃ 착한 아이 콤플렉스

    착한 아이 콤플렉스(Good boy syndrome)는 감정을 솔직히 표현하지 못하고, 타인에게 착한 사람으로 남기 위해 욕구나 소망을 억압하면서 지나치게 노력하는 것을 말한다. 착하다는 단어의 사전적 의미는 언행이나 마음씨가 곱고 바르며 상냥한 것을 말한다.

    착하다는 것은 손해보고, 마음 아파하면서까지 자신을 억누르고 타인에게 맞추어가는 것이 아니다. 말과 행동, 그리고 마음씨를 바르게 하고, 상냥하게 표현하며, 나의 의견과 타인의 의견을 조율하여 함께 행복한 길을 선택해 가는 삶의 태도인 것이다.

    착한 아이 컴플렉스가 있는 아이들은 착한 아이가 아니면 사랑받지 못할 것이라는 불안감을 가지고 있는 경우가 많다. 착한 사람 증후군을 앓고 있는 아이들의 특징은 자신의 안좋은 일을 꾹꾹 눌러 담으며 잘 표현하지 못하고, 다른 사람의 부탁을 거절하기 어려워하며 어렵게 거절하더라도 곧 후회하며, 쉽게 상처를 받으며 동시에 오래 가고, 표현을 잘 하지 못해 말을 하기 보단 듣기를 더 편하게 느낀다.

    착한 아이 콤플렉스가 심한 아이들에게는 「착한아이 사탕이」 그림책을 읽게 하면 도움이 된다.

      착한 아이 사탕이는 동네 모든 아주머니들에게 칭찬받는 아이다. 사탕이는 언제나 말 잘 듣는 달콤한 아이이다. 사탕이는 넘어져서 아파도 울지 않고, 동생이 아무리 괴롭혀도 화를 내지 않으며, 갖고 싶은 장난감이 있어도 결코 사달라고 떼를 쓰지 않는 착한 아이다. 어느 날 밤, 사탕이는 화가 잔뜩 난 자신의 그림자와 이야기를 나누었다.

그림자는 사탕이가 자신의 마음과 다르게 행동하는 것 때문에 힘들다고 말한다. 그리고 착한아이도 울고 싶을 때는 울고, 화내고 싶을 때는 화내도 된다고 알려준다. "그래도 돼?"라고 작은 소리로 묻는 사탕이에게 그림자는 "그래도 돼!"라며 대답했다.

사탕이는 무서울 땐 무섭다고 해도 되고, 싫을 땐 싫다고 해도 된다는 것을 알게 된다.

그리고 그림책 앞부분에서 놀기에는 다소 불편해 보이는 예쁜 원피스에 구두를 신고 엄마 손에 이끌려가던 사탕이는 이제 편한 옷을 입고 모래놀이터에 앉아 친구들과 함께 웃으며 노는 행복한 아이가 된다.

이 책에서 사탕이는 그림자의 도움으로 자기 표현방법을 깨닫게 되었으며, '착한 아이는 그러면 안 된다'는 틀을 깨고 나올 수 있었다. 아이는 주변의 어른들을 만나며 착한 아이의 모습에 익숙해진다. 특히 부모의 지속적인 교육이나 기대감으로 착한 아이 콤플렉스를 가지기도 한다. 그리고 아이는 단체생활을 하고 사회생활을 하면서 그러한 칭찬을 들으며 익숙해진다.

아이의 착한 아이 콤플렉스를 없애기 위해서는 다음과 같이 해야 한다.

첫째, 아이에게 일방적으로 분노를 참으라고 강요해서는 안된다. 분노 표현을 절제하다 보면 더 큰 분노나 왜곡된 표현방식을 키울 수 있기 때문이다. 부모는 아이가 원하는 것이 무엇인지, 어떤 욕구불만 때문에 화가 났는지, 아이 스스로 자신의 감정을 우선적으로 돌볼 수 있도록 아이의 안내자가 되어야 한다.

둘째, 공감소통을 하려면 '왜'라는 표현을 자제해야 한다. 왜를 사용하면 대화가 공감의 장이 아닌, 추궁하고 탐문하는 수사에 가까워진다. 왜라는 단어 대신 무엇이라는 단어를 사용하면 아이 내면의 욕구와 감정에 다가갈 수 있다.

예 왜! 화가났는데? → 뭐가 우리 아들을 화나게 했을까?

셋째, 아이 내면의 욕구와 감정을 자연스럽게 표현할 수 있도록 해준다. 부모는 먼저 아이가 자연스럽게 표현하도록 하고, 마음과 마음이 통하는 대화, 즉 공감 대화가 이루어지도록 분위글 만들어야 한다.

07 | 자신감

자신감이란 어떠한 것을 잘할 수 있다고 생각하거나, 어떤 일도 잘 될 것이라는 자신의 믿음을 말한다. 자신감이 많은 사람은 어떤 행동을 하든 대범하게 행동하는 편이어서 결과의 도출이 빠른 편이며, 결과가 좋지 않아도 금방 긍정적으로 바뀐다. 하지만 반대로 자신감이 부족하면 자신 있게 해야 하는 고백, 발표, 시험 등에서 어려움을 겪는다.

2010년 G20 서울 정상회담 폐막식에서 당시 미국대통령이었던 오바마 대통령이 폐막식 연설 직후 기자들에게 질문권을 주었다. 그런데 기자들 사이에서 벌떡 일어난 중국기자에게 오바마가 사과를 하였다. 오바마 대통령은 G20개최국인 대한민국 기자들에게 특별히 먼저 질문할 시간을 주었는데 한국 기자들은 침묵하면서 질문하지 않자 중국기자가 한국기자 대신 질문을 하는 사태가 발생했기 때문이었다.

한국 기자들은 '질문을 하는 건 내가 모르는 걸 드러내는 것이기에 어떻게 하면 질문을 잘할까?', '어떤 질문까지 용인될까?', '이런 질문해도 될까?' 등 실수를 두려워해 질문에 대한 고민이 깊었기 때문에 선뜻 질문을 하지 못했던 것이다.

사람은 누구나 실수를 한다. 그런데 자신감이 많아서 실수할 수 있다는 것을 인정하는 사람은 실패를 두려워하지 않고 도전하는 반면에, 자신감이 부족해서 실수하면 안된다는 생각을 가진 사람은 실패를 두려워 해 도전하지 않으려고 한다.

실수를 두려워하는 아이들에게는 「틀려도 괜찮아」라는 그림책을 통해 도움을 줄 수 있다.

선생님의 질문에 대해서 자신 있게 손을 들지 못하는 아이들에게 선생님은 친근하고 다정한 목소리로 "틀려도 괜찮아"라고 말했다. 아이들은 선생님의 말씀에 자신감을 갖고 다음부터는 선생님의 질문에 대하여 자신 있게 번쩍 손을 들어올렸다.

자신감을 갖게 하기 위해서는 회복탄력성을 높여주어야 한다. 회복탄력성은 위기의 상황을 극복하고 역기능 상태에서 다시금 순기능으로 돌아오는 능력을 말한다. 또는 역경에서 일어나 이를 스스로 극복할 수 있는 능력이라고 정의하고 있다.

회복탄력성을 가지면 우울함이나 불안에서 쉽게 벗어날 수 있으며, 자신에게 놓인 위기 상황을 극복하고 정성적인 상황으로 돌아오는 능력을 갖게 된다. 따라서 회복탄력을 가지면 어떠한 상황에서도 다시 일어날 수 있기 때문에 자존감을 높일 수 있게 되어 사는 것이 즐겁고 행복해 지게 된다.

회복탄력성은 특정 대상이나 특정 시기에만 나타나는 것이 아니며, 삶의 여정 속에서 누구에게나 언제든지 다양하게 나타날 수 있다. 회복탄력성은 쉽게 좌절하는 아동, 청소년기 뿐만 아니라, 우울증과 허무함에 쉽게 노출되는 노인기에서도 매우 중요한 심리적 에너지다.

회복탄력성은 스트레스와 삶의 역경에 효과적으로 대처할 수 있게 해주는 중요한 적응 기재로 주목받고 있다. 불안에 대한 스트레스를 낮추고, 부적응을 방지하며, 통찰력과 따스함을 발휘하여 자기를 잘 표현하고, 내·외적 스트레스에 유연하고 융통성 있게 적응하는 등 상황에 따라 자기통제를 강화하거나 완화시키는 역할을 하기 때문이다.

특히, 노년기의 회복탄력성은 정신적·신체적 건강을 효과적으로 유지, 회복, 향상시킬 수 있는 가장 중요한 방법이 된다. 따라서 회복탄력성은 주로 스트레스나 역경에 대한 정신적인 면역성이라고 할 수 있다.

회복탄력성을 높이기 위해서는 정서 조절력, 충동 통제력, 낙관성, 원인 분석력, 공감능력, 자기효능감, 적극적 도전성을 높여야 한다.

<표 6-2> 회복 탄력성을 높이는 요인

구분	내용
정서조절력	압박과 스트레스 상황에서도 자신의 정서를 조절할 수 있는 능력
충동통제력	목표달성을 위해 일시적인 충동이나 즉각적인 만족을 주는 행동을 제어하고 인내할 수 있는 능력
낙관성	미래에 좋은 일이 일어날 것이라는 긍정적인 기대

원인분석력	어떤 사물이나 상태의 현상 혹은 변화의 근본이 되는 원인을 정확히 분석할 수 있는 능력
공감능력	타인의 감정이나 심리 상태, 내적 경험을 이해하고 느낄 수 있는 능력
자기효능감	자신을 유능하고, 능력이 있으며, 효능감 있는 사람이라고 생각하는 것
적극적 도전성	익숙한 일상에 안주하지 않고, 자신의 한계를 넘어서 새로운 것에 도전하는 것을 두려워하지 않는 능력

① 정서조절력

정서조절력은 압박과 스트레스 상황에서도 자신의 정서를 조절할 수 있는 능력을 말한다. 정서조절력은 자신의 부정적인 감정을 통제하고, 긍정적인 감정을 유지할 수 있도록 한다. 따라서 정서 조절을 잘하게 되면 우울과 불안을 극복하거나 쉽게 탈출할 수 있는 힘이 되며, 자신을 편안하게 한다.

② 충동통제력

목표달성을 위해 일시적인 충동이나 즉각적인 만족을 주는 행동을 제어하고 인내할 수 있는 능력을 말한다. 충동 통제력은 어떤 문제나 어려움이 발생했을 때 즉흥적으로 판단하고 행동하기보다 신중하게 생각하게 한다. 따라서 충동에 대한 통제를 잘하면 어떤 목적을 달성하기 위해 오랫동안 인내할 수 있게 된다.

③ 낙관성

낙관성은 미래에 좋은 일이 일어날 것이라는 긍정적인 기대를 말한다. 낙관성은 자신이 겪는 실패를 일시적인 것으로 여기고, 도전하면 역경을 극복할 수 있다는 믿음을 준다. 따라서 낙관성을 가지면 자신의 미래에 대해 긍정적인 태도를 갖게 되며, 자신의 삶에 대해 능동적이며 자신감있는 태도를 유지할 수 있게 된다.

④ 원인분석력

원인분석력은 어떤 사물이나 상태의 현상 혹은 변화의 근본이 되는 원인을 정확히 분석할 수 있는 능력을 말한다. 원인분석력은 갈등이나 문제를 제대로 해결할 수 있도록 원인을 정확하게 진단할 수 있게 해줌으로써 효과적으로 문제해결을 하게 해준다. 따라서 원인분석력을 가지면 어떤 사건이나 문제의 발생 원인을 정확하게 분석하여, 문제해결을 효과적으로 대처할 수 있게 되는 것이다.

⑤ 공감능력

공감능력은 타인의 감정이나 심리 상태, 내적 경험을 이해하고 느낄 수 있는 능력을 말한다. 공감능력은 타인의 감정을 이해하는 능력을 높여주기 때문에 원만한 대인관계를 유지하게 해준다. 따라서 공감능력을 가지면 타인에 대해 배려심이 많아지고 이해하는 능력이 높아져서 대인관계를 잘하게 해 주어 사회적으로 정서적인 평안함을 갖게 된다.

⑥ 자기효능감

자기효능감은 자신을 유능하고, 능력이 있으며, 효능감 있는 사람이라고 생각하는 것을 말한다. 자기효능감은 자신이 무엇이든 할 수 있다는 믿음이며, 이것은 다른 사람들과의 긍정적인 관계를 형성하게 해준다.

자기효능감을 갖게 되면 자기 자신에 대해 긍정적으로 평가하게 해주며 자존감을 높이게 된다.

⑦ 적극적 도전성
적극적 도전성은 익숙한 일상에 안주하지 않고, 자신의 한계를 넘어서 새로운 것에 도전하는 것을 두려워하지 않는 능력을 말한다. 따라서 적극적 도전성을 갖게 되면 새로운 것에 도전하고 성취하는 것을 즐기게 되어 도전하는 것을 두려워하지 않아 기회가 많아지고 결국 좋은 결과를 많이 가져올 수 있게 된다.

08 ㅣ 소중함

소중함이란 매우 중요하게 여기는 마음을 말하는 것으로 자신만을 소중하게 여기는 것이 아니라 타인에 대해서도 똑같이 소중하게 생각하는 것을 말한다. 따라서 소중함을 느끼는 사람은 사회나 학교에서 인간관계를 무난하게 유지할 수 있지만, 소중함을 모르는 사람은 인간관계를 잘 맺기 못하거나, 사람들을 만나는 것을 어렵게 생각하게 된다.

소중함을 잘 못 느끼는 아이들에게 「잃어버린 진실 한 조각」은 소중함의 의미와 필요성을 느끼게 해준다.

옛날, 그리 멀지 않은 곳에 아름다운 땅이 있었다. 그 땅에서는 돌이 가르침을 주고 바람이 말이 되고, 강물이 거울이 되고 나무는 별로 올라가는 사다리가 되어 주었다. 이 아름다운 땅에 떨어진 진실은 두 조각이 되어 한 조각은 밤하늘 어딘가로, 한 조각은 땅으로 떨어지는데...

나비와 곰이 진실을 발견하고는 그 달콤함에 빠져들었다. 하지만 곧 달콤함 끝에는 쓴맛만 남는다는 것을 깨닫게 되었다. "이 진실에는 뭔가가 빠져 있어" 그들은 진실을 떠나버렸다.

떠나버린 진실 조각 위에는 이렇게 적혀 있었다. '당신은 소중합니다' 시간이 흐르자 다른 사람들이 말했다. "위대한 진실은 오직 우리만이 가져야 해. 그래야 행복하고 강해질 수 있어" 수많은 전쟁이 일어났고, 사람들은 조각난 진실을 빼앗고 빼앗기기를 반복했다. 진실의 힘과 아름다움을 의심하는 사람은 아무도 없었기 때문이다.

그 진실을 가지고 있지 않을 때, 사람들은 엄청난 공허감을 느꼈다. 돌과 나무는 괴로워했다. 바람과 강물이 고통스러워했다. 동물과 땅도 마찬가지였다. 하지만 사람들이 가장 고통스러워했다.

그러던 어느 날, 작은 소녀가 지혜로운 거북을 찾아 나섰다. 소녀는 '상상의 산'을 넘고 '호기심의 강'을 건너고 '발견의 숲'을 헤치며 먼 길을 갔다. 거북은 사람들이 어떻게 조각난 진실을 찾게 되었는지, 어떻게 고통이 시작되었는지 이야기해 주었다. "그 조각난 진실이 사람들이 동경하는 완전한 진실과 거의 비슷하기 때문이지. 세상이 완전해지기 위해서 사람들에게 필요한 것은 잃어버린 또 다른 진실 한 조각이란다."

거북이 말했다. "먼저, 진실은 우리 주위 어디에나 있다는 것을 잊지 마라. 우리 안에도 진실은 있단다. 밤하늘에서 빛나기도 하고 땅 위에서 피어나기도 하지. 그리고 눈처럼 고요하고, 비처럼 부드럽게 우리에게 내리고 있어. 한 가지 진실에만 매달리는 사람들은 자신의 진실이 인생의 수많은 아름다운 진실 중에서 그저 한 부분에 지나지 않는다는 사실을 알지 못하지. 그들은 더 이상 세상의 진실을 볼 수도 들을 수도 없단다."

거북이 다시 말했다. "이것도 잊어서는 안 된다. 다른 곳에서 온 사람, 다른 얼굴을 한 사람, 다른 생각을 하는 사람을 만나서 그들의 말에 귀 기울일 때, 조각난 진실과 삶은 치유될 수 있단다. 비로소 사람들은 모든 사람과 생명체가 중요하다는 것, 세상은 우리 모두를 위해 존재한다는 것을 알게 될 거야"

그리고 사람들은 서서히 다른 사람들을 만나기 시작했고, 자신을 되돌아보기 시작했다.

이 책에서 나와 내 아이, 내 가족과 집단을 소중하게 생각하며, 자신의 이익을 위해서라면 싸우기를 마다하지 않고 모두를 고통에 빠뜨리는 어리석은 인간의 모습을 보게 된다.

아이가 갖는 소중함의 정도에 따라서 다음과 같이 분류할 수 있다.

① 지배적 유형

자기보다 약한 친구를 조종하려는 경향이 강하고 상대를 배려하지 않는다. 이런 아이가 모범생일 경우 부모가 알아차리기 힘들다.

② 공격적인 유형

또래와 어울리려 하지 않고 자신의 기분에 따라 폭력성을 드러낸다. 가학적 성향이 강해 물리적으로 친구를 괴롭히려는 경우가 많다.

③ 고립적 의존형

1~2명의 소수 친구와는 친하게 지내지만 그 이외의 다른 친구들과는

관계를 맺지 못하는 유형이다. 이 때문에 친한 소수의 친구에게 의존하는 경향이 강하고 그 관계가 무너졌을 때 심리적으로 큰 타격을 받는다.

④ 경쟁적 질투형

다른 사람과 자신을 끊임없이 비교하며 경쟁에서 이기는 것에 집착한다. 경쟁에서 지게 되면 상대를 미워하며 적대감을 표출한다. 이럴 경우 또래 집단으로부터 배척당하기 쉽다.

⑤ 좌절에 따른 회피형

상습적 폭력의 피해자가 주로 이런 유형으로, 또래와 관계 맺기를 두려워하며 피해의식을 가지고 있다.

⑥ 나홀로 유형

또래와 관계를 맺지 않고 혼자만의 시간을 보내려 한다. 또래들로부터 분위기 파악을 못한다는 말을 종종 듣는다.

아이에게 소중함을 느끼게 하려면 다음과 같이 해야 한다.

① 지나친 과잉보호는 자제해야 한다.

지나치게 아이를 보호하려고 하거나 반대로 질책을 하면 아이의 자존감은 더욱 낮아지고 앞으로 관계 형성에 더 큰 어려움을 겪게 된다. 평소에 다양한 상황과 경험을 하게 함으로써 자신만의 방법으로 관계 속에서 문제를 해결해 나갈 능력을 키워줘야 한다.

② 아이의 마음을 헤아려 주어야 한다.

지금 당장 눈앞에서 힘들어하는 내 아이의 마음을 헤아려 주는 것이

우선이다. 아이는 부모가 자기편이라는 것만으로도 큰 힘을 얻고 다시 또
래와 어울릴 용기가 생긴다.

③ 스스로 해결하도록 도와주어야 한다.
아이를 믿어주고, 지지해 주면서 지나친 간섭을 피해야 한다.

④ 무관심하지 말아야 한다.
아이에 대한 지속적인 관심과 응원을 통해 아이가 안정감을 갖도록 하
는 것이 중요하다.

09 | 주도성

주도성은 스스로의 삶에 대해 책임을 지면서 주도적으로 행동하는 성질을 말한다. 주도적인 사람은 심사숙고해서 선택하며, 내면화된 가치 기준에 따라 행동한다. 그리고 주도성을 가지면 자신의 가치를 우선하고, 충동을 하위에 두는 지혜를 가진다. 주도성의 본질은 자신 및 다른 사람에게 약속을 하고 이를 성실하게 지키는 것이다.

주도성이란 무모하게 밀어붙이고 상대방을 불쾌하게 하며 공격적이 된다는 의미가 아니다. 사람들에게 책임을 인식시켜 주는 것은 인격을 무시하는 것이 아니라 존중해 주는 것이다.

주도적인 접근 방법은 내면에서 외부로 향하여 변화하는 방법이다. 즉 외부의 것들을 긍정적으로 변화시키기 위해 먼저 자신이 변해야 한다는 자의식이다.

주도적인 사람은 자신의 노력을 영향력의 원(통제 가능한 일)에 집중시킨다. 이들은 자신이 영향력을 행사할 수 있는 일을 중점적으로 한다. '기대'보다 '결의'에 집중하는 것이다. 또 이들이 가진 에너지의 본질은 영향력의 원을 증가시키는 긍정적, 적극적, 확장적 특성을 가지고 있다.

주도적인 사람은 우선 순위를 가지고 영향력을 행사하며, 그것을 효과적으로 행사하는 것에 대한 책임을 받아들이기 때문에 점진적으로 '관심의 원'과 같은 크기의 '영향력의 원'을 가지게 된다.

주도성을 자각할 수 있는 방법은 다음과 같다.

① 책임감을 가져라.

주도적인 사람이란 자신의 직무를 수행하기 위해서 올바른 원칙들을 준수하며 이에 따른 필요한 일들을 모두 적극적으로 수행해 나가는 유형의 사람들이다. 우리의 삶이 주위의 여건이나 상황에 따라 좌우된다면 그 이유는 우리 자신의 무지함과 태만함 때문에 그것들에게 우리를 지배할 수 있는 고귀한 결정의 권한을 양도해 주었기 때문이다.

우리 자신이 고통스럽게 느끼게 되는 원인도 일어난 사건 그 자체가 문제가 아니라 그것에 대한 반응으로 고통을 선택했기 때문이다. 우리가 이 같은 선택을 한다면, 반사적인 사람이 되어 주변의 여건에 따라 영향을 받게 된다. 즉 주위사람들이 자기에게 잘 대해줄 때 그들은 기분이 좋아지지만 만일 주위 사람들이 그렇지 못할 때는 방어적이고 자기 보호적이며 비판적이 된다. 반사적인 사람은 그 감정적인 삶이 다른 사람들의 행동에 따라 의존적이 되며 다른 사람의 약점이 자신을 통제하도록 내버려 두게 된다. 그러므로 반사적인 사람은 기분, 분위기, 조건, 주변의 여건에 따라서 행동하게 된다.

② 선택을 잘해야 한다.
'오늘의 나는 어제 내가 결정한 선택의 결과이다.'라는 사실을 인정해야 한다. 즉, 자신의 행동의 원인이 주변의 환경이 아니라 바로 자신의 선택이었음을 인정해야 한다. 우리의 행동이나 태도가 우리의 선택에 의한 것이 아니라 주변의 상황이나 분위기, 조건 등에 의해 반응한다면 자신의 인생이나 운명에 대한 책임을 상실하게 될 뿐만 아니라 점차 피해의식을 갖게 되고 스스로에 대한 통제력을 상실하게 된다.

③ 주도적인 말을 하라
'말이 씨가 된다.'는 속담이 있다. 대응적이고 감정적인 말을 계속하게 되면 이 말이 씨가 되고 예언이 된다. 자신의 운명은 이미 결정됐다는 패

러다임을 강화시켜 끝내 이 같은 숙명론이 정당화 된다. 우리가 쓰는 말을 보면 자신이 얼마나 주도적인 사람인가를 알 수 있다.

반사적인 사람이 쓰는 말에는 책임감이 없다. 반사적인 말의 일반적인 공통점은 '나는 책임이 없다'이다. 이 말은 자신을 보호하기 위해 나는 반응을 선택할 수 없다는 것과 같다. 책임을 회피하려는 것은 반사적인 사람이 갖는 본성이다.

"나는 책임이 없다."라고 말하는 것은 자신을 보호하기 위한 방법이다. 반사적인 말의 심각성은 그 말들이 바로 자성예언이 된다는 점이다. 다시 말해서 자신의 운명은 이미 결정됐다는 패러다임을 굳게 믿고, 이러한 믿음을 입증하기 위해서 그에 맞는 증거의 말들을 하게 된다.

주도적인 접근방법은 '내면에서 외부로' 향하여 변화하는 방법이다.

즉, 외부에 있는 것들을 긍정적으로 변화시키기 위해서는 먼저 나 자신의 내부의 생각과 말에서부터 긍정적이 되어야 하는 것이다.

④ 목표를 설정하고 달성한다.

아주 작은 약속일지라도 항상 그것을 실천한다면 자기 통제의 장점을 깨닫게 하는 내적인 성실성을 갖추게 된다. 뿐만 아니라 인생에 대해 책임질 수 있는 능력과 용기를 갖게 된다. 우리가 자신과 다른 사람에게 약속을 하고 또 이를 지키면 자신의 신용과 명예는 감정이나 기분보다 점차 더 중요해진다. 이처럼 자신에 대해 약속을 하고 이것을 실행하는 능력이야말로 주도적인 습관을 정착하기 위해 필요한 본질이다.

제7장
자존감을 높이는 사회성

01 l 사회성의 의미

사회생활은 인간관계의 시작이다. 사람 사는 세상을 인간(人間)이라
한 것은 사람들 사이에 적당한 거리가 있음을 의미한다. 그 거리가 멀고
가까운 정도에 따라 소원하고 친밀한 관계가 형성된다.

우리는 그런 관계를 인간관계 또는 인맥이라 하고 서양 사람들은 휴먼
릴레이션(human relation)이라고 한다. 인간관계가 개인이 지닌 능력
이상의 힘을 발휘하여 세상살이의 성패를 좌우할 때도 많다. 이러한 인간
관계 능력을 사회성이라고 한다. 사회성은 다른 사람들의 기분과 감정 등
을 잘 이해하며 이에 대한 적절한 대처로 원만한 관계를 맺고 사람과 소
통하는 가운데 즐거움을 나누는 능력을 말한다. 사람을 쉽게 잘 사귀는
일도 여기에 포함된다.

미국 카네기 멜론 대학에서 흥미로운 조사결과를 발표한 적이 있다. 사
회적으로 성공한 사람들 10,000명을 대상으로 성공의 비결을 물어보았
다. 그 결과 종래의 성공조건이라 믿어왔던 지적능력이나 재능이 성공에
미치는 영향은 불과 15%에 지나지 않았고, 나머지 85%의 성공요인은
바로 인간관계였다는 것이다. 아무리 지적능력과 재능이 뛰어나다 하더라
도 인간관계에 대한 능력이 부족하면 성공을 이루기가 어렵다는 결론을
얻을 수 있었던 것이다.

직장동료들과 원만한 관계를 맺지 못하고, 따돌림을 당하는 직장인들
은 사회성의 부족이 큰 원인이라 할 수 있다. 통상적으로 인간관계가 좋
은 사람을 사회성이 좋다고 하며 사회활동, 집단활동을 즐기며 친구가 많
고, 협동적이며, 인정이 많고, 남과 의견이 잘 맞으며, 충돌이 적은 특성을
가지고 있다고 본다. 반면에 사회성이 좋지 않으면 사회활동을 기피하고,

수줍어하며 고독을 일삼는 특성을 가지고 있다.

아이들에게 사회성 부족이란 아동이 또래들과 잘 어울리지 못하거나, 자주 폭력을 행사하고 물건을 뺏거나, 혼자만 놀려고 하는 등 원만한 인간관계 형성을 못하는 것을 말한다. 특히 외동 아동이 늘어나는 현실에서 아동에게 친구의 의미는 더욱 소중하다.

아이들의 사회성 부족의 원인은 하나 밖에 없는 자녀가 귀엽다고 해서 모든 것을 받아주다 보니 버릇없고, 남을 배려하지 않는 이기적인 아동이 되었기 때문이라고 본다. 그러나 꼭 외동 아동이라고 사회성에 문제가 있는 것은 아니고, 부모의 지나친 관심이나 무관심으로 만들어진다고도 한다.

아이의 사회성은 부모의 깊은 사랑과 적절한 관심으로 키워지기 때문에 부모가 모범이 되어 아이들에게 사회성을 길러주기 위해 노력해야 한다.

02 | 놀이를 통한 사회성 증진

　요즘은 혼자 노는 아이들이 많아졌다. 가정에서 외둥이로 자란 이유도 있겠지만, 형제들이나 부모와 함께 있음에도 혼자 TV나 유튜브에 빠져 있는 경우도 많다. 조사에 의하면 영유아의 스마트폰 과의존 위험군은 2015년 17.9%, 2016년 19.1%, 2018년 20.7%로 점점 상승하며 사회적 문제로 대두되고 있다고 한다. 그리고 코로나 이후에는 폭발적으로 증가될 것이라는 우려를 하고 있다.

　이렇게 혼자 보는 자극적인 콘텐츠 소비에 익숙한 아이들은 공감능력이 부족하고 사회성이 부족한 아이로 성장하게 된다. 따라서 그 어느 때보다 아이와의 대화와 상호작용이 필요할 때이다.

　「알사탕」이라는 그림책을 통해 아이의 사회성이 얼마나 중요한지에 대한 교훈을 얻을 수 있다.

혼자 노는 동동이는 매일 자기들끼리만 노는 친구들은 구슬치기가 얼마나 재미있는지 모르기 때문에 자기는 혼자 논다고 한다. 이렇게 자기 위안을 하며 친구들과 어울리지 못하고 혼자 노는 동동이는 그래도 나름 씩씩하려고 노력하였다.

어느 날 동동이는 혼자 구슬치기하며 놀다 구슬이 모자라 사러 갔던 문방구에서 구슬처럼 생긴 알사탕을 사게 되는데... 알사탕을 먹자 뭔가 심상치 않은 분위기를 느꼈다. 소파의 체크무늬처럼 생긴 알사탕은 "소파가 리모콘 때문에 걸리고 아프단다. 그리고 아빠가 소파에 앉아서 방귀 좀 그만 뀌라고 부탁한다."고 전해주었다.

얼룩무늬 사탕은 동동이네 강아지 구슬이의 말을 "동동이가 싫은 게 아니라 늙어서 자꾸 눕고 싶어 하는 거야."라고 전해주었다. 구슬이의 진심을 전해들은 동동이는 이제 구슬이를 오해하지 않게 되었다.

알사탕을 먹으면 들을 수 없었던 마음의 소리가 들린다. 소파의 음성도 들리고 강아지 구슬이의 목소리도 들려서 동동이는 8년 만에 구슬이와 대화도 한다. 그리고 아빠의 마음 속 마음까지 듣는다.

아이가 사회성이 좋은 아이로 자라기를 바란다면 엄마나 아빠, 주위 사람들과의 애착관계를 형성하는 것에 관심을 집중하는 것이 중요하다. 특히 생후 6개 이전의 유아기 때는 엄마나 아빠를 비롯한 성인에게 받는 영향이 사회성 형성에 도움이 된다.

생후 3개월부터 아기는 어른의 목소리에 반응하고, 4개월부터는 낯을 가리기 시작하며 안아주는 것을 좋아한다. 첫돌이 지난 아이는 성인의 행동을 모방하면서 또래 집단에 대한 반응이 본격적으로 나타나게 된다. 이

때부터 아이가 친구를 만들 수 있도록 도와준다면 아이의 사회성을 발달시켜 줄 수 있다.

생후 24개월에 접어들게 되면 성인에게 갖는 관심이 높아져 모방 행동이 강해진다. 이 시기에는 목욕이나 옷 갈아입기 등의 단순한 행동은 성인과 협력해서 할 수 있을 정도로 아이의 신체적 능력 또한 발전하기 때문에 아이와 다양한 상호작용을 통하여 사회성을 키울 수 있다.

놀이를 통해 사회성을 키우는 방법은 다음과 같다.

1) 스킨십을 할 수 있는 놀이를 한다

놀이를 통해 사회성 길러주려면 아이가 즐겁고 편안하게 접근할 수 있다. 사회성을 키우기 위해서는 아이와 스킨십이 주를 이루는 놀이가 좋은데, 아이를 다리 위에 올려두고 미끄럼틀을 타거나 거울놀이 등을 하는 것이 도움이 된다.

2) 일관성 있게 해야 한다

아이와의 애착놀이를 시작하기 전에 애착놀이를 진행하는 요일과 시간을 정해두고, 정해진 시간에 맞춰 놀이를 시작하는 것이 좋다. 일관성 없는 놀이는 아이에게 혼란을 준다.

놀이가 시작되면 아이에게 이 시간에는 네가 하고 싶은 놀이를 자유롭게 선택할 수 있다는 것을 안내한다. 이때 놀이의 제한을 설정해 주지 않는다면 아이는 오히려 불안감을 느낀다. 일정한 틀이 있는 제한은 아이에게 안정감을 주고 부모와 자녀의 관계를 건강하게 유지하는데 결정적인 요소가 된다.

3) 놀이의 주인공은 아이다

놀이를 할 때는 아이가 자신에게 중요한 부모와 함께 하고 있다는 것을 느끼도록 만들어 주어야 한다. 엄마는 놀이에 대해 참여자가 되어 자신과 같은 관점으로 사물을 보고, 자신을 이해하려 한다는 것을 느끼도록 해주어야 효과가 있다.

놀이의 결정권은 아이에게 주고 아이의 행동에 대해 아이에게 책임을 질 수 있는 능력이 있다는 것을 믿고, 아이의 감정 표현을 수용하는 태도를 보여줘야 한다. 아이가 운다면 화를 내거나 달래는 것보다도 아이의 감정에 공감해 주어 놀이의 주인공이 아이 자신이라는 것을 인식하게 되면 아이는 놀이를 통해서 성장할 수 있다.

4) 아이에게 책임감을 심어준다

부모는 늘 아이에게 가르쳐주는 입장에 있지만, 놀이를 할 때는 아이의 놀이 결정에 대해 수용하려는 태도가 가장 중요하다. 책임감은 경험을 통해 배우게 되는데 의사결정을 하고, 자기 책임을 지도록 배울 수 있는 기회를 가져본 아이는 이러한 놀이를 통해 자신의 삶을 통제하는 법을 익히게 된다.

놀이를 끝낼 때는 끝나기 10분 전 아이에게 알려주어야 한다. 예고 없이 갑자기 놀이 시간이 끝나면 아이는 상실감을 느끼게 된다. 놀이 후 마무리를 어떻게 끝내야 할지 모를 때는 간식을 먹으며, 아이의 집중 상태를 이완하고 분위기를 바꿔주는 것이 좋다.

03 ㅣ 놀이와 관계 그리고 성장

그림책 「알도」를 읽으면 놀이가 아이들에게 어떤 영향을 주며, 성장에 어떻게 기여하는지를 알 수 있다.

난 혼자 있는 시간이 많아 혼자 있는 동안 텔레비전도 보고, 장난감을 가지고 놀기도 하고, 책도 보고 엄마랑 놀이터도 가고 외식도 한다.

엄마랑 놀이터에도 가고 외식할 때는 정말 신난다는 소녀의 독백과 달리 소녀는 친구와 함께 있는 아이들을 바라보고 있다.

소녀에게는 알도라는 이름의 비밀친구가 있는데 알도는 소녀가 혼자되거나 힘든 일이 생길 때면 언제나 찾아와 곁에 있어주는 특별한 친구이다.

학교 화장실에서 괴롭힘을 당할 때도 알도는 어김없이 찾아와 주었고, 늘 소녀가 어려움에 처했을 때 나타나 구해주거나 혼자 있는 소녀를 근사한 곳으로 데려가 주기도 한다. 소녀는 알도와 함께 하면 어떤 것도 두렵지 않다.

하지만 알도 애긴 누구에게도 할 수 없다. 모두들 믿지도 않을 테고 비웃을 테니까. 소녀가 알도와 함께 하는 장면은 언제나 이렇게 여백 없이 배경까지 꽉 채워져 있어, 소녀 혼자 외로워할 때나 두려워 할 때 배경이 비어 있는 페이지와 대조된다.

알도가 소녀를 도와주지 못할 때도 있지만 단짝 친구라는 사실은 언제나 변함이 없다. 소녀는 알도가 언제나 같이 있었으면 좋겠다고 생각한다.

물론 알도를 까맣게 잊고 지내는 날도 있지만 '나에게 정말 힘든 일이 생기면 알도는 언제나 내 곁에 있을 거야'라고 생각한다.

알도는 소녀가 혼자일 때만 만나게 되는 비밀친구다. 아이가 외롭고 힘들 때 언제나 함께 해주는 알도, 알도가 사라질까 두려워했던 소녀는 알도의 위로와 보살핌 속에 건강한 모습으로 세상 속으로 나가게 된다. 아이는 비밀친구 알도를 통해 위안받고 힘을 얻어 세상을 향해 마음을 조금씩 열어가며 밝은 미소를 지닌 소녀로 성장해 간다.

아이들은 힘들고 불안할 때 자신의 마음을 완벽하게 알아줄 누군가를 찾게 된다. 어쩌면 그 존재는 자기 자신의 다른 자아일 수도 있다. 자신의 모습을 있는 그대로 인정해 주고 자신의 이야기를 들어주는 존재로서의 비밀친구는 아이의 마음을 위로해 주고 이해해 주는 가장 든든한 친구일 것이다.

알도와 소녀가 만들어 낸 환상의 세계에는 둘 말고는 아무도 끼여 들지 못한다. 그러나 소녀는 이런 세계를 끝까지 유지할 수 없다는 것을 알고 있었다. 그리고 소녀는 막연하게나마 자기가 언제까지나 어린 아이로 남아 있을 수는 없으며, 언젠가는 알도를 잊고 지낼 날이 올거라는 것을 알고 있다.

어머니의 대치물인 전이대상은 아이에게 위안과 위로를 제공해 주는 물건들이다. 아이들이 자라면서 애착이불이나 애착인형을 손에서 떨치지 못한 것을 보는 부모들은 걱정을 하기도 한다. 아이들은 초기 전이대상에 대해 떠나보내는 과정을 통한 사회화를 익히게 되고 초기 전이대상과의 헤어짐을 지혜롭게 해결하도록 돕는 부모님을 통해 안정적인 애착관계를 형성하게 된다.

알도에 나오는 소녀는 장난감 토끼인 알도라는 친구를 가지고 있다. 그는 후기 전이대상으로써 상상 속에만 존재하는 유일한 친구이다. 그녀는 알도와 함께 공중 줄타기, 빙판에서 스케이트 타기, 호수에서 배젓기 등을 하면서 흐릿한 중간지대 속을 놀러 다닌다. 이러한 알도는 어린 소녀의 모든 어려움을 단번에 해결 해주는 친구이다. 알도는 그녀와 생활을 공유하면서 함께 상호주관적 놀이를 하는 파트너인 후기 전이대상이다.

이야기의 핵심은 어린 소녀와 알도 사이의 상호 관계적 놀이다. 전이현상은 전이대상과의 놀이에 몰두해 있는 아동에 의하여 창조된 일종의 환상이다. 아이와 엄마 사이의 놀이는 맨 먼저 중간 놀이터에서 일어나며, 그 후에는 알도에서처럼 그들 사이에 존재하는 상상적 영역에 위치한 잠재적 공간에서 놀이가 행하여진다.

성장함에 따라 중간영역에서 행해지는 상호주관적인 놀이를 통하여 아동들은 친구들과 함께 더욱 발전되고 성숙한 관계를 이루어낸다. 아동의 놀이공간이라는 측면에서 볼 때 중간영역은 내적인 심리적 실체와 외부의 현실세계가 역동적으로 연결된 제3의 장소에서 존재한다.

아이들은 어머니와 일체감을 느낌으로 존재의 연속성을 갖게 되고, 그후 어머니로부터 분리되고 점차 독립됨으로써 아동으로 성장하게 된다. 이때 어머니와 물리적 거리 뿐만 아니라 심리적 거리도 존재하게 되면서 아동들은 어머니와 자신이 하나라는 일체감의 근원인 전능감 상실에 따른 충격을 경험하게 된다.

유아기 때는 젖꼭지, 인형, 담요나 친근한 장난감 등과 같은 초기전이 대상들을 통하여 어머니와 합일을 다시 회복하려고 노력한다. 이러한 전이대상들은 스트레스를 받거나, 위기를 겪거나, 혼자 잠을 자려고 할 때, 그리고 '어머니가 부재할 때나 불안하고 고통스러운 시기에 위안을 주고 달래주는 기능을 한다.

아동기로 성장한 아이는 어머니의 영향력으로부터 벗어나 후기 전기 대상들이나 친구들과 상호 관계적 놀이를 통하여 현실을 인식하면서 성장하게 된다. 아동기에 점점 나이를 먹고 인지적으로 정서적으로 성장하면서, 상호주관적인 놀이를 통하여 보다 사회화된다.

아동은 마치 자신이 세상의 중심이라고 여기는 이기적인 태도를 보이던 유아기적 행동에서 벗어나 다른 사람들과 함께하는 개인으로서 자신을 인식하는 점진적인 변화를 겪게 된다. 비록 상상속이지만 가상적인 친구를 통하여 위안을 얻을 뿐만 아니라 새로운 환경 속에서 용기를 가지고 모험과 탐험을 할 수 있는 아이로 성장하게 된다.

소녀가 이야기하며 알도와 보내는 시간은 잠재적 공간에서 아이가 창조적으로 놀이를 하면서 엄마의 부재 속에서도 아이는 혼자 놀 수 있는 기회를 가지게 되고, 아이는 후기전이대상들을 통하여 잠재적 공간이라는 놀이공간을 창조할 수 있는 능력을 발전시키게 된다. 잠재적 공간에서 여러 대상들과 상호관계적 놀이를 할 수 있다는 사실은 사회적 자아가 확립되기 시작했음을 의미한다.

놀이는 놀이 자체로서 아이들에게 어마어마하게 큰 의미를 준다. 「샘과 데이브가 땅을 팠어요」를 보면 샘과 데이브는 땅을 파는 놀이를 하면서, 아래로도 파보고 옆으로도 파보고 갈라져서도 파보는 자유롭고 다양한 시도를 경험하게 된다.

샘과 데이브에게 땅파기 놀이는 어마어마하게 멋진 모험이고, 놀이다. 놀이는 성취할 목표가 없는 것으로, 무게감 없이 놀이하는 과정 그 자체로 샘과 데이브에게는 어마어마한 사명인 것이다.

아이들 놀이는 과정을 중시한다. 목표를 향해 달려가는 놀이가 아닌, 놀이는 하는 과정 그 자체를 즐긴다. 성취할 목표에 대한 부담감이 없기 때문에 다양한 놀이 활동을 자유롭게 시도할 수 있다.

자유롭게 시도해 본 좌충우돌 경험을 통해 아이들은 자신이 지나가야 하는 과정들을 스트레스는 받지만 견뎌 내는 힘을 기르는 것이다.

04 I 아이의 거짓말

아이들의 거짓말과 상상을 어떻게 구별해야 하는지 궁금한 부모가 많다. 아이는 보통 3~4세가 되면 어휘력이 늘고, 인지능력이 발달하면서 서서히 거짓말을 시작한다.

아동학자들은 거짓말의 시작을 사회성 발달의 한 면으로 보기도 하고 자신이 원하는 것을 얻기 위한 탐구과정으로 보기도 한다. 성장과정에서 자연스럽게 일어나는 일인 것이다. 하지만 부모 입장에서는 걱정이 되기도 한다. '습관적으로 거짓말을 하면 어떻하지?', '습관이 되기 전에 바로 잡아주어야 하는 건 아닐까?'라는 부모의 걱정이 상승하는 요인은 아이의 거짓말을 마주하는 순간 어떻게 대처해야 할지에 대한 고민 때문이다. 모른 체 넘어가야할지, 다그쳐야 할지, 아니면 거짓말하지 말라고 혼을 내야할지 고민하는 경우가 많다.

아이의 거짓말 유형을 살펴보면 다음과 같다.

1) 현실과 상상을 구분하지 못해 하는 거짓말
아직 상상과 현실을 잘 구분하지 못해서 일어나는 현상이므로 거짓말을 한다고 핀잔을 주기보다는 아이의 말에 호응을 해 주는 것이 좋다.

2) 잘못을 감추기 위한 거짓말
아이들은 궁지에 몰릴 경우 거짓말을 하게 되고, 부모에게 나쁘게 보여 거절당할 것에 대한 두려움으로 인해 거짓말을 하게 된다. 이럴 때는 아이의 잘못을 지적하기보다는 아이의 실수에 공감해 주고 수치심을 느끼지 않도록 알려 주어야 한다. 그리고 해결하는 방법을 알려주어야 한다.

3) 원하는 것을 얻기 위한 거짓말

어린 아이들은 내 것, 네 것의 구분을 제대로 하지 못해 남의 물건을 가져오는 것이 잘못인지 모르는 경우가 많다. 이 모습을 나쁜 습관이라고 판단하고 무작정 혼내게 될 경우에는 아이의 수치심과 죄책감이 커지게 된다.

이러한 행동을 마주하는 경우에는 아이의 욕구를 이해해 주고, 남의 물건을 함부로 가져오면 안되는 것이라는 소유 개념에 대해 알려주어야 한다. 그리고 갖고 온 물건을 제자리에 갖다 놓을 수 있도록 알려줘야 한다.

4) 관심받기 위해서 하는 거짓말

아이들은 부모에게 칭찬이나 인정을 받고 관심을 끌기위한 거짓말을 한다. 이해 경험이 부족할수록 이러한 거짓말을 자주 할 수 있다. 이 경우에는 내가 아이에게 관심을 충분히 주고 있는지, 아이를 있는 그대로 인정하며 사랑을 표현했는지를 점검해야 한다. 가정에서 있는 그대로의 모습을 인정받는 아이가 친구 사이에도 자신의 모습을 솔직하게 드러낼 수 있다.

아이의 거짓말에 대처하는 방법은 다음과 같다.

1) 거짓말의 이유와 원인을 찾아보기

아이들이 거짓말을 하는 것은 여러 가지 의미와 행동을 내포하고 있다. 그래서 아이의 거짓말의 원인에 대해서 파악하는 것이 아이의 정서적 상태를 분석하는데 도움이 된다. 이러한 시간을 가지게 되면 무작정 화를 내기보다 조금 객관적인 태도를 유지할 수 있게 되고 훈육의 방향을 잡는데 도움이 되는 시간을 갖게 된다.

2) 거짓말을 한 아이의 마음을 공감하기

거짓말을 한 아이의 마음을 공감하기는 아이에게 부모에 대한 신뢰감과 애착을 형성할 수 있게끔 도와주게 되고, 동시에 아이가 다른 사람을 이해할 수 있는 공감에 대한 경험치를 얻을 수 있게 해주는 시간이다.

3) 거짓말은 명확하게 잡아주기

누구나 거짓말은 할 수 있지만, 거짓말을 하는 것은 분명히 나쁜 것이라고 알려주어야 한다. 그러나 단호하게 문제를 지적하기 보다는 거짓말을 할 수 밖에 없었던 상황에 대해서는 충분한 이해를 해주되 앞으로는 더 이상 거짓말을 하지 않도록 해야 한다.

예를 들어 "왜 거짓말을 했는지 이해하지만, 거짓말을 하는 것을 옳은 방법이 아니야", "00이가 혼날까봐 그랬구나. 괜찮아 실수한 거 엄마(아빠)가 도와줄게. 다음부터는 솔직하게 이야기하면 00이를 도와줄 수 있는 방법을 함께 찾아보고 도와줄게"처럼 침착하지만 단호한 태도로 말해야 한다.

아이가 자신의 거짓말이나 상황에 대해서 솔직하게 이야기했다면 아이의 솔직하고 정직한 태도에 대해서는 칭찬해 주어야 한다. 그리고 아이의 거짓말은 아이의 다양한 발달능력을 요구하기 때문에 자연스러운 행동이라고 말하지만, 다른 사람을 속이는 행위이기 때문에 잘못된 행동임을 알려주고 바로 잡아주는 것이 반드시 필요하다.

05 | 좋은 친구 사귀는 방법

자존감은 자신에 대한 주관적인 평가인 동시에 타인의 행동과 평가에 의해 영향을 받는 상호교환적인 성격을 지녔기 때문에 대인관계에 영향을 받게 된다. 특히 대인관계 중에서 청소년기부터 인생에 큰 영향을 주는 것은 친구다. 좋은 친구를 둔 사람은 친구의 지속적인 지원과 격려에 의하여 긍정적인 영향을 받기 때문에 자존감이 높아지게 된다.

옛말에 '친구가 많을수록 장수한다.'라는 말이 있듯 무료하고 답답한 시간을 보내는데 가장 효율적인 것이 바로 친구를 만드는 일이다. 그러나 직장인들은 직장에서 대부분을 보내기 때문에 업무와 관련된 동료나 선후배들이 인간관계의 전부가 될 수 있다. 그러나 직장을 떠나게 되면 일과 연관되어 있던 사람들을 사적인 관계로 다시 만나기는 쉽지가 않다. 더욱이 은퇴하고 나서는 어쩌다 만남은 가질 수 있지만 지속적인 만남을 유지하기는 어렵다.

부모는 아이들이 자라면서 사회성을 갖기를 바라지만, 부모의 마음처럼 잘 되지 않는다. 「너도 갖고 싶니?」를 통해 아이의 사회성에 대한 교훈을 배울 수 있다.

> 제레미는 많은 것을 가진 아이다. 새 자전거, 새 축구공, 봉지 가득한 막대사탕, 고릴라 가면 등 아이들이라면 당연히 부러워할 만한 것들을 가지고 있다. 제레미도 그걸 잘 알고 있다. 그래서 끊임없이 샘을 따라다니면서 자랑을 늘어놓았다.
> '새로 산거야, 너도 갖고 싶지?' 모두 샘은 가지고 있지 않는 것들이었다. 하지만 계속되는 제레미의 자랑은 샘에게는 도통

먹히질 않았다.

샘은 제레미의 자랑에 '좋겠다.'는 말 한 마디도 해주지 않았다. 그저 그 새 물건들 때문에 제레미가 곤경에 처할 때마다 '괜찮아'하고 도와주거나 새 축구공을 자랑하고 싶어 하는 제레미와 함께 놀아준다.

어느 날 숲에서 해적을 만나 물에 빠진 제레미를 샘이 구해주자 제레미는 다시 동물원에 갈 거라고 자랑을 하고 샘은 대꾸하지 않았다. 샘은 제레미가 이야기하는 동물원보다 더 멋진 숲속의 동물원을 보고 있었던 것이다.

제레미가 일관되게 물질과 소유에 집착을 보이는 반면, 샘은 제레미의 도발에 괘념치 않으면서 일관되게 자기 길을 걷는다. 남과의 비교우의를 통해 존재감과 만족감을 얻으려는 제레미에 반해 샘은 물질이 아닌 자신이 소중하다고 여기는 가치를 지키고 발견하는 아이이다. 샘은 제레미의 말에 상처를 받거나 흔들리지 않았다.

아이에게 좋은 친구를 사귀게 하려면 다음과 같이 하면 된다.

1) 먼저 인사하기

낯설어 하는 상황에서 인사만 먼저 건네도 상대방의 마음을 열 수 있다. 사람은 본능적으로 자신에게 호의를 갖고 있는 사람에게 마음의 문을 열게 된다. 상대방에게 관심을 갖고 가벼운 질문을 주고받게 되면 한층 가까워지게 된다.

2) 친구의 말 경청해주기

남의 말을 경청하는 것은 새로운 친구를 만들 때뿐만 아니라 좋은 인간관계를 유지하기 위해 반드시 갖춰야 하는 덕목이다. 모든 인간관계는 대화로 시작되고, 대화를 주고받으면서 상호작용이 일어나야 한다. 만약 자신의 이야기만 중시하고 남의 말에 귀를 기울이지 않는다면 그런 작용은 일어날 수 없다.

3) 간식 나눠먹기

먹을 것을 안 좋아하는 친구는 거의 없다. 처음 만났을 때 먹을 것을 나눠주면 호감이 상승하면서 바로 친해질 수 있다.

4) 뒷담화하지 말기

친구들과 지내다 보면 얼마 지나지 않아서 친구의 단점이나 약점이 금방금방 보이게 된다. 친구의 약점이 보인다고 다른 친구에게 몰래 뒷담화를 한 것이 나중에 들키게 되면, 우정은 물론이고 학교생활에도 큰 지장을 줄 수 있다. 따라서 친구의 뒷담화는 하지 않도록 하고, 친구의 단점도 진심으로 이해하고 존중해 주도록 한다.

06 | 규칙을 지키게 한다

규칙은 여러 사람이 다같이 지키기로 작정한 법칙 또는 제정된 질서를 말한다. 아이를 키우는 부모라면 다들 잘 알겠지만 아이들은 "왜?", "엄마, 이건 왜 이렇게 해야 돼?", "왜 그런 건데?", "왜 해야 하는데?"라는 질문을 자주한다. 아이가 말을 시작하는 동시에 가장 많이들은 단어는 분명 "왜?"였을 것이다. 아이가 묻는 "왜?"라는 것은 바로 규칙을 의미한다. 결국 "왜?"는 "왜 규칙을 지켜야 해?"와 같은 의미이다.

「도서관에 간 사자」라는 그림책은 아이에게 규칙의 중요성을 알려주는 책이다.

도서관에 사자 한 마리가 나타났다. 대출 창구를 지나 자료실로 들어선 사자는 익숙한 듯 도서관 여기저기를 둘러보며 어슬렁거렸다. 도서 목록 카드에 코를 대고 냄새를 맡아 보기도 하고, 새로 들어온 책에 머리를 비벼 보기도 하였다.

그러다 이야기 방에 들어가서는 마치 제 집인양 잠이 들었다. 잠이 깬 사자는 귀를 쫑긋 세우고, 아이들과 나란히 앉아서 열심히 책 읽어 주는 걸 들었다.

대출 창구의 맥비씨는 메리웨더 관장님에게 달려가서는 큰일 난 것처럼 사자가 나타났다고 소리를 질렀다. 하지만 메리웨더 관장님은 아무렇지도 않다는 듯 "사자가 규칙을 어겼나요? 그렇지 않으면 그냥 내버려 두세요"라고 말했다.

하지만 이야기 시간이 끝났음에도 불구하고 돌아가지 않고 책을 더 읽어 달라며 이야기 선생님에게 으르렁 대던 사자는 메리웨더 관장님에게 딱 걸리고 말았다. "조용히 하지 못하겠다면 도서관에서 나가거라. 그게 도서관 규칙이야"

그 날 이후 사자는 도서관에서 으르렁 대지 않게 되었고 도서관을 찾는 모든 이들에게 사랑받는 존재가 되어갔다.

규칙은 여러 사람이 다 같이 지키기로 한 일종의 약속이다. 따라서 유아기 때부터 규칙의 중요성에 대해 알려주어야 한다. 가정뿐만 아니라 유치원이나 학교처럼 다른 사람과 함께 사용하는 공간에서는 정해진 규칙을 따라야 하기 때문이다.

아이가 자발적으로 규칙을 지킬 수 있게 하려면, 무조건 규칙을 지키라고 하기 보다는 규칙이 필요한 이유를 잘 설명해 줘야한다. 규칙을 지키지 않으면 누군가에게 혼이 날까봐 두려워서가 아니라, 다른 사람과 나를 위해 규칙을 지켜야 한다는 사실을 이해시켜 주어야 한다. 그리고 규칙을 지키지 않았을 때는 어떤 일이 일어나는지를 이야기해 주는 것도 도움이 된다.

규칙을 지키는 습관을 갖게 하려면 규칙을 꼭 지켜야 하는 곳에 가서 이를 직접 체험해 보는 것이 좋다. 다양한 공공장소에 아이를 데려가 규칙을 직접 체험해 보면 아이는 규칙의 중요성을 인식하고, 규칙을 지키려는 마음을 갖게 된다. 예를 들어 박물관 같은 공공장소에서는 줄을 서는 것과 조용히 하는 규칙을 체험하게 한다.

규칙을 강조하면 개인의 자유가 침해당할 수 있고, 융통성을 강조하면 질서가 무너질 수가 있다. 이 두 가지를 잘 조절하고 적용할 수 있는 것이 지혜로운 사람이다. 「도서관에 간 사자」에서 도서관 사서 맥비 씨는 이유 없이 사자를 싫어한다. 사자 때문에 도서관의 규칙이 깨진다고 생각했을 수도 있다. 결국 규칙이라는 것도 도서관 사람들이 사자를 받아들이고 좋아했던 것처럼 시간과 장소에 따라 변화할 수 있는 것이라는 걸 받아들인다.

규칙과 예외의 문제는 성인이 된 후에도 매우 어려운 문제다. 어떤 기준으로 예외를 인정할 것인가는 성장과정에서 형성되는 도덕관과 윤리관이 그 기준이 될 것이다. 이것이 잘 형성되어야만 학창시절을 잘 보낼 수 있고, 건강한 성인으로 자랄 수 있다. 그리고 그 모델은 분명 부모일 것이다. 따라서 아이가 규칙을 잘 지키도록 하되, 합리적인 기준으로 예외를 인정해 줘야 한다.

07 ┃ 깊은 자책을 하지 않는다

실수란 조심하지 아니하여 잘못하는 것을 말한다. 살다 보면 사람의 능력에 관계없이 누구나 실수를 할 수 있다. 자존감이 높은 사람은 실수는 누구나 할 수 있는 것이라고 생각하여 대수롭지 않게 생각하지만, 자존감이 낮은 사람은 자신이 무능력해서 실수를 했다고 생각하여, 자신의 실수를 용납하지 못하고 지나치게 깊은 반성을 하게 된다.

문제는 자신의 실수를 용납하는 사람은 다른 사람들과 대인관계도 쉽게 생각하지만, 자신의 실수를 용납하지 못하는 사람은 다른 사람들과의 대인관계에서도 실수를 두려워해 올바른 인간관계도 어려워하게 된다.

실수를 인정한다는 것은 자신을 아끼고 다른 사람을 배려하는 마음에서 시작되고, 실수로 인해 생기는 어려운 일을 두려워하지 않는 것을 의미한다. 따라서 실수를 깨끗이 인정하면, 자신이 강하고 용감하다는 사실을 증명하는 것이 된다.

실수가 두려운 이유는 실수로 인하여 다른 사람의 비판이나 부정적인 말을 들을 것에 대하여 신경이 쓰이기 때문이다. 결국 실수를 했을 때 타인들의 반응을 너무 의식하거나, 실수했을 때의 부정적인 경험이 두려움을 만든다. 그러나 실제로 자신이 한 실수로 인해서 다른 사람의 비판이나 부정적인 말을 듣는 경우보다는 실수를 인정하면 아무 일도 생기지 않는 경우가 더 많다. 결국 생기지 않을 일을 미리 두려워하는 것이 된다.

실수에 대한 두려움이 강하면 강할수록 실수를 인정하지 않고 도전을 회피하려는 성향이 나타난다. 실수가 두려워지면 자꾸 자기 스스로가 완벽해지려는 강박 관념에 시달리게 되며, 오히려 불안감 때문에 정신 집중이 되지 않아 일의 효율성을 떨어뜨린다.

또한 실수를 하고도 실수를 인정하지 않으려고 하면, 실수로부터 탈출하려는 스트레스를 유발할 뿐만 아니라 자존감을 낮추기도 한다. 따라서 실수를 두려워하지 말아야 한다. 오히려 실패와 실수는 당신을 성장하게 한다는 생각을 가져야 한다.

실수를 인정한다는 것은 자신이 한 일에 책임을 지고 반성을 통해 같은 실수를 하지 않으려는 마음을 갖는 것이고 자존감 형성에 오히려 도움이 된다. 그러나 한 번의 실수로 자신을 너무 심하게 몰아붙인다면 스스로 자책하게 되며 가치를 낮추게 만든다. 이러한 자책은 결국 자신을 우울하게 만들며, 비관적으로 변하게 만든다. 때문에 지나친 반성은 피하는 것이 좋다.

실수의 두려움에서 벗어나는 방법은 다음과 같다.

- 잘 될 것이라는 기대감을 갖는다.
- 최고보다는 최선을 다하려는 생각으로 시작한다.
- 실수는 특별한 것이 아니라 누구나 하는 것이다.
- 실수는 나를 가르치는 교훈이 된다.
- 최대한 긍정적 생각을 가진다.
- 최대한 연습을 많이 해서 실전에서 잘할 수 있도록 한다.
- 잘할 수 있다는 자신감을 갖는다.
- 나의 실수에 대하여 다른 사람들은 특별한 관심이 없다.
- 나의 실수가 오히려 다른 사람들에게 나를 더 도와주려는 마음을 갖게 한다.

08 | 완벽주의에서 벗어난다

완벽은 아무런 흠이 없는 뛰어난 것을 말한다. 사람들 중에는 완벽주의를 지향하는 사람이 있다. 완벽주의(完璧主義)는 무슨 일을 하든 끊임없이 노력해야 하는 보다 완벽한 상태가 존재한다고 믿는 신념을 말한다. 완벽을 위해 더 높은 기준을 설정하여 보다 높은 성과와 성취감을 얻고자 하는 생각이 큰 것이다. 완벽주의는 정도가 심하면 정신 의학에서는 정신 질환의 하나로 보는 경우도 있다.

모든 일에 완벽을 기하는 것은 남들과는 다르게 훌륭하게 일을 해내려는 노력과 정성이 깃들여져 일을 무사히 마치면 다른 사람들에 비해서 더 많은 보상을 받거나 인정받을 수 있다는 장점이 있다. 그러나 완벽함을 원하는 사람들 중에는 무언가를 완벽하게 완성하지 못할 것 같으면 애초에 손도 대지 않으려는 경향이 강하다.

뿐만 아니라 완벽하게 하려다가, 이미 충분한데도 너무 오래 붙들고 있어 결과물로 이어지지 않는 경우가 있다. 결국 지나친 완벽을 목표로 하는 사람들은 오히려 업무성과가 떨어지거나 기대한 결과가 생기지 않게 한다.

완벽주의자가 자주 빠지는 함정은 '결핍의 심리'다. 사실은 부족하지도 않은데 자꾸 자신에게 부족한 것을 찾아내려 하고, 무엇을 해도 뭔가 눈에 안차고 항상 부족하다고 느낀다. 그런 마음 때문에 무엇을 하려 해도 시간이 걸리며, 하다가 중간에 멈추거나, 결과물을 제대로 내지 못해 주변의 신뢰를 얻는데 실패하게 된다.

완벽함을 추구하는 사람들이 가진 장점은 많다. 예를 들어 빠른 두뇌

회전, 훌륭한 판단력, 뛰어난 역량, 높은 도전정신, 좋은 성과의 기대감을 갖추었다. 그럼에도 불구하고 일을 추진하는 과정에서 마음에 들지 않으면 자신의 장점보다는 단점을 들추어내기도 한다.

문제는 완벽함이라는 굴레에 빠지면 타인이 보기에는 충분히 훌륭한 수준임에도 불구하고, 자신만의 기준에 완벽히 들어맞지 않으면 스스로를 깎아내리거나 폄하하는 기질을 보이기도 한다는 것이다. 결국 완벽함을 추구하다 뜻대로 되지 않으면 자존감이 떨어지게 된다.

완벽함을 위해서 끝없이 노력하여 타인이 보기에 능력이 우수한 인재로 비춰지게 하기는 하나, 정작 본인은 자신의 능력에 만족하지 못하여 정신적 고통을 겪는 아이러니가 발생한다. 완벽주의는 자신을 지속적으로 만족하지 못하게 하는 것으로, 지나치면 자신이 무능력하다는 강박관념에 빠지게 되기도 한다.

따라서 일의 성과를 높이고, 자존감을 높이기 위해 먼저 완벽주의라는 강박 관념에서 벗어나는 순간부터, 모든 일은 쉬워 보이며 자유롭고 여유로움을 느낄 수 있다.

완벽주의에서 벗어나는 방법을 보면 다음과 같다.

1) 사람은 누구도 완벽할 수 없다는 진리를 인정하게 한다
사람은 누구나 절대로 완벽한 삶, 완벽한 신체, 완벽한 가족, 완벽한 직업 등을 가질 수 없다는 것을 인정해야 한다
2) 실수는 자연스러운 현상이라는 사실을 받아들이게 한다
만약 실수를 하더라도 자신이 무능해서 실수를 했다는 책망보다는, 실수를 통해 실수하지 않는 방법을 배우고, 다음의 시도에서는 더욱 발

전된 결과를 가져올 수 있을 것이라는 생각을 가져야 한다.

3) 모든 일을 하려 하지 말고, 자신에게 중요한 일만 하게 한다
여러 가지 일을 한꺼번에 시작하면 완벽해지려 하기 때문에 시간이 많이 걸리고, 모든 일을 전부 하려면 능력을 분산해야 하고 좋은 결과를 얻기 어렵다. 따라서 중요한 것만 하고 중요하지 않은 일은 미루거나 하지 말아야 한다.

09 ㅣ 목표를 세운다

목표는 도달해야 할 곳을 목적으로 삼는 것을 말한다. 따라서 목표가 있다면 정확한 방향성을 가지고 목적이 있는 삶을 살 수 있지만, 목표가 없다면 갈 곳이 없기 때문에 무의미한 삶을 살게 된다.

목표를 세워서 도달하게 되면 사람은 자아성취감을 느끼게 되고 자존감이 높아지게 된다. 따라서 성취하고 싶은 일들의 목록을 작성하고 이 목표들을 하나하나 달성하면서 살아가면 자존감은 높아진다. 예를 들어서, 봉사를 하고, 새로운 취미를 배우거나, 새로운 친구들을 사귀거나, 새로운 책을 사서 독서를 하거나, 운동을 하거나, 영화를 보는 일 등이다. 비록 목표는 작지만 작은 목표라도 달성하게 되면, 전반적으로 자신에 대하여 더 긍정적인 기분을 느낄 수 있게 된다.

목표를 갖지 않고 세상을 살아가게 되면 우리의 삶은 막연히 남을 모방하는 삶을 살던지, 자기 주도적이지 못한 삶을 살게 된다. 따라서 목표가 없다면 삶이 무의미하다고 느끼게 된다. 그러나 목표를 가지면 우리의 인생은 목적이 있기 때문에 즐거울 수밖에 없다.

목표가 있으면 일이 고되고 힘들어도 즐겁다. 더욱이 목표에 도달하는 성공의 경험은 미래에 더 큰 목표를 세우고 더 큰 성취를 달성하게 해준다.

미국의 샌프란시스코에 있는 리츠칼튼 호텔에서 있었던 일이다. 리츠칼튼 호텔에서 근무하는 많은 사람들 중 방을 청소하는 역할을 담당한 버지니아 아주엘라라는 사람이 있었다. 대부분의 사람들은 그녀를 궂은 일이나 하는 청소부라고 무시했지만 그녀는 자신의 일이 손님들에게 깨끗한 환경을 제공하여 기쁨을 주는 서비스를 제공하는 일이라고 자긍심을 갖고 즐겁게 일했다.

그는 자기 일에 긍정적인 생각을 가지고 손님들에게 자신만의 독특한 방법으로 감동을 주자는 비전을 가지게 되었다. 그래서 그녀는 자신이 서비스한 객실의 고객들에 대한 특성과 습관을 일목요연하게 정리해 두고 그 고객이 다시 호텔에 방문하였을 때 취향에 맞는 객실 서비스를 제공해 줌으로써 고객들에게 감동을 선사하였다. 후에 그녀는 호텔 종사원에게 주어지는 가장 영예로운 상을 수상하게 되었다.

만약 그녀가 남들이 생각하는 대로 궂은일이나 하는 청소부라고 자신을 창피하게 생각하거나 쑥스러워했다면 그는 평생 자신을 비하하며 힘들게 일했을 것이다. 그리고 자신의 직업에 대한 혐오로 살아갈 수도 있었다. 그러나 그녀는 청소부 일이었지만 자신의 일에 대한 가치와 자부심을 가졌기 때문에 손님들을 즐겁게 해야겠다는 비전을 가질 수 있었고 더 큰 가치를 실현할 수 있었다.

다른 사람이 생각하지 않은 비전이 그녀에게 행복을 가져다주었다. 뿐만 아니라 비전을 가지게 됨에 따라 구체적인 전략을 찾고 손님들에게 감동을 줄 수 있는 방법을 실천함으로써 가장 영예로운 상도 받을 수 있었다.

목표를 세우려면 다음과 같은 방법이 있다.

- 하루의 목표를 세운다.
- 일주일의 목표를 세운다.
- 한 달의 목표를 세운다.
- 1년의 목표를 세운다.
- 10년 단위로 목표를 세운다.
- 자신의 진로를 정확히 세운다.
- 자신이 하고 싶은 일을 언제까지 무엇으로 할 것인지 구체적으로 목표를 정한다.
- 무엇을 하든 언제까지 얼마나 할 것인지 목표를 정하고 한다.

목표는 실현 가능하고 현실적이어야 한다. 목표가 너무 높아 실현 불가능하다면, 목표를 달성하기 위한 노력 과정에서 오히려 자존감에 타격을 입을 수도 있다. 의식적으로 노력할 수 있고 결과적으로 도달할 수 있는 목표를 세우면, 성취를 통해 자존감을 높일 수 있다.

10 l 도전한다

　도전이란 보다 나은 수준에 도달하려는 것을 말한다. 도전에 임하는 순간 두려움이 앞서기도 하지만, 그 일에 대한 책임감과 설렘으로 자신의 몸 안에 있던 힘이 솟아난다. 따라서 도전은 자존감을 높이는데 매우 유익하다. 도전은 높은 자존감을 바탕으로 나타난다.

　칭기즈칸은 "내가 부족한 사람이라는 생각을 버리고 일어섰을 때 비로써 나는 테무친이라는 평범한 아이에서 위대한 황제인 칭기즈칸이 되었다"라고 하였다. 세상을 살면서 한계는 누가 세운 것이 아니라 자기가 만든 기준이라는 것이다.
　한계라는 것은 어렵다고 생각하여 스스로 할 수 없다는 것으로 자존감이 낮아지면 생기는 것이다. 따라서 한계는 사회적 기준도 아니고 법도 아닌 내 생각이 만든 것이다. 우리는 매사에 스스로의 한계를 규정하고 나는 이 정도 밖에는 안된다는 한계를 만들어 도전도 해보지 않고 스스로 포기하는 일이 많다.

칭기즈칸

에디슨

우리가 잘 알고 있는 토마스 에디슨도 수도 없이 많은 실패 속에서 성공을 하였다. 토마스 에디슨은 1000종 이상을 발명했지만 많은 발명을 위해서 에디슨은 수백만 번의 실패를 거듭했다. 에디슨은 우리가 현재 사용하고 있는 전구를 완성하기 위해 9,999번이나 실패를 했다.

한 친구가 "자네는 실패를 1만 번 되풀이할 작정인가"라고 물었다. 그러자 에디슨은 "나는 실패를 거듭한 게 아니야. 그동안 전구를 발명하지 않는 법을 9,999번 발견했을 뿐이야"라고 대답했다.

에디슨은 매일 16시간 일했다. 그는 자기가 유별난 체질이 아니라, 다른 사람들이 게으르다고 생각하였다. 그는 사람들이 한정된 인생의 귀중한 시간을 너무나도 많이 수면으로 낭비하고 있다고 입이 마르도록 안타까워했다. 또한 그는 시간을 아끼기 위해 극히 작은 양의 식사를 섭취했으며, 다른 사람에게도 식사를 줄이라고 권유했다.

에디슨은 84년 생애 동안 무려 1천93개의 발명품을 남겼으며, 기록한 아이디어 노트만 해도 3천4백 권이나 된다. 그는 60세를 넘겨서도 실험에 열중하다 자신의 연구소를 모두 불태워 바닥으로 떨어지기도 했다. 그러나 그는 좌절하지 않았다. 그는 최악의 상황에서도 자신의 도전 의지를 불살라 재기에 성공하였다.

미국의 전설적인 홈런타자 베이브 루쓰(Babe Ruth)는 그의 야구 경기 도중에 1,330번이나 삼진 아웃을 당했지만, 우리는 그가 날린 714개의 홈런을 기억할 뿐이다.

농구의 황제 마이클 조던은 초등학교 때부터 시작해 열두 살에 농구의 MVP로 선정되었으나 고등학교 때는 학교 대표팀에서 탈락하였다. 그 일을 계기로 자신의 실력을 증명하기 위해 끊임없이 노력한 결과 그는 최고의 자리까지 왔다.

미국의 극작가 루이스 라모르는 100편이 넘는 서부 소설을 쓴 베스트셀러 작가이지만 첫 원고의 출판을 하기까지 350번이나 거절당했다. 훗날 그는 미국 작가로서는 최초로 의회가 주는 특별 훈장을 받았다.

베이브 루쓰   마이클 조던   루이스 라모르

도전이 두려운 것은 실패를 두려워하기 때문이다. 도전하지 않고는 행복해지기 어렵다. 도전은 50대 50의 승부수가 있다. 인생을 살면서 50%의 승률은 매우 높은 것이다. 이렇게 높은 승률을 우리가 스스로 포기한다는 것은 매우 불행한 일이다.

실패했다고 해도 실패가 우리의 삶을 구렁텅이로 빠뜨리거나, 모든 것을 잃게 하지 않는다. 단지 실패했다는 사실이 두려운 것이다. 그러나 도전하지 않으면 우리는 실패를 경험할 기회마저 저버리게 된다.

어린아이들은 실패가 무엇인지를 모른다. 그렇기 때문에 무엇이든 행동으로 옮겨서 좋은 것들은 빨리 배운다. 당신도 걸음마를 배울 때, 몇 걸음 걷다가 넘어지고 또다시 일어나기를 반복하면서 배웠을 것이다. 심지어는 다치기도 하였을 것이다. 어린아이는 다치거나 상처 입는 것을 두려워하지 않기 때문에 모든 것을 배워나간다. 그러나 어른이 되면서 세상을 알게 되고 어려울 것 같다는 생각이 커지면서 스스로 포기를 만든다.

  불가능하다고 생각하는 것은 실제 불가능해서가 아니라 내가 만든 기준 때문에 그렇다는 것이다. 그래서 성공한 사람들은 불가능이 없다고 하고. 포기하지 않고 도전하면 모든 것이 이루어진다고 하였다. 그리고 에디슨은 성공은 실패의 어머니라는 말을 하여 결국 실패를 해야만 성공에 이를 수 있다는 이야기를 하는 것이다.

제8장
자존감을 높이는 긍정

01 l 긍정의 의미

긍정(肯定)은 한자로 옳이 여길 긍(肯), 정할 정(定) 자를 쓴다. 한자로서의 긍정의 의미는 들어서 이해해서, 옳다고 여기는 것을 말한다. 사전적 의미로는 그러하다고 생각하여 옳다고 인정하는 것을 말한다. 비슷한 말로 납득, 승인 등이 있다. 반대어는 부정이라고 하며 부정은 그렇지 아니하다고 단정하거나, 옳지 아니하다고 반대하는 것을 말한다.

긍정의 의미를 보면 긍정은 사실에 대하여 있는 그대로 수용, 승인, 받아들인다는 의미다. 예를 들어서 "내가 배가 고프다."라는 사실에 대해서 "내가 배가 고프구나?"라고 수용하는 것을 긍정이라고 한다.
반대로 부정의 의미는 사실에 대하여 그렇지 않다고 부정하거나, 옳지 아니하다고 반대하는 것을 말한다. "내가 배가 고프다."라는 사실에 대해서 배가 고프지만 "나는 배가 고프지 않다."라고 하는 것을 부정이라고 하는 것이다.
따라서 긍정은 있는 사실대로 인정하는 것이며, 부정은 사실을 부인하는 것을 말한다.

이처럼 긍정은 어떤 상황에 대하여 느끼는 자신의 감정을 말하며, 긍정을 느끼는 작용원리를 보면 현재의 상황에 대하여 상황을 어떻게 평가하거나 해석하는가에 따라 신체적 정신적인 반응이 나타나고 이를 재해석하게 된다.
긍정은 자신을 있는 그대로 수용하였기에 인정해버리면 아무런 마음의 변화가 생기지 않아서 마음과 몸이 편해지게 된다.
그러나 부정은 사실에 대하여 부인하였기에 부인한 사실을 미움에서 밀어 내려 하거나, 사실을 나쁘게 생각하기 때문에 잃어버리려는 마음이 생겨나 마음이 복잡해지거나 신체적으로 힘들어 진다.

특히 자존감이 떨어지는 사람이 부정하게 되면 사실이 그렇게 된 것에 대하여 자신의 잘못을 탓하거나, 자신의 부족을 탓하게 된다. 자존심이 강한 사람은 자신의 부정을 부정하게 된 원인을 남의 잘못으로 돌려 남을 비난하거나, 남 때문에 이런 결과를 가져왔다고 남을 탓하게 된다.

긍정은 모든 것을 인정하기 때문에 마음에 아무 변화가 생기지 않지만, 부정은 마음이 복잡해지면서 자신이나 남을 탓하는 자신으로 인해 마음이 우울해지거나 스트레스를 받게 된다. 심하면 우울증에 빠지게 된다.

02 l 긍정적으로 생각한다

긍정적 정서는 외부의 환경적 자극을 옳다고 인정하여 긍정적으로 평가하는 의식 상태를 말한다. 긍정적 정서를 가진 사람은 자기 자신에 대해 비교적 만족해하고 안정감을 느낀다. 긍정적 정서를 가지면 창의적이고 통합적으로 정보를 받아들이고, 효율적인 사고 형식을 유도하게 된다.

긍정적 정서는 신체적으로도 집중력을 관장하는 도파민 호르몬 분비를 증가하도록 하여 개인의 사고를 확장시키고 심리적인 만족감을 증가시킨다. 즉 긍정적인 마음을 갖게 되면 순간적으로 부정적인 정서가 줄어들고, 신체적으로 활력을 갖게 되어 건강해지며, 유연한 인지적 과정으로 다양한 대안을 가질 수 있게 된다.

긍정적 정서는 자신에게 안정감과 만족감을 주기 때문에 자신의 가치를 높게 생각하여 자존감을 높이게 된다. 또한 긍정적인 정서를 갖게 되면 자신에 대한 믿음이 증가하여 자존감이 높아지게 된다.

조엘 오스틴의 「긍정의 힘」을 보면 사람은 믿는 대로 된다고 하였다. 긍정적인 생각으로 세상을 보면 모든 것이 긍정적이고 행복해 보이나, 부정적인 생각으로 세상을 보면 모든 것이 부정적이고 불행해 보인다. 결국 세상의 모든 일을 긍정적으로 보느냐 부정적으로 보느냐의 차이다. 유명한 예를 들면, 컵에 물이 반 정도 들어 있는 것을 보고 부정적인 사람은 "물이 반 밖에 없네"라고 말하지만, 긍정적인 사람은 "물이 반이나 남아있네"라고 말한다.

조엘 오스틴　　　　　긍정의 힘

　　결국 자존감을 높이기 위해서는 긍정적인 마음을 가져야 한다. 같은 사물을 보더라도 생각을 낙관적이고 긍정적인 방향으로 바라보면 자존감이 높아진다. 그러나 부정적으로 보게 되면 자존감이 떨어진다. 따라서 모든 것을 좋게 보는 긍정적인 생각과 모든 것을 나쁘게 생각하는 부정적인 생각은 본인이 어떤 것을 선택하느냐의 차이일 뿐이다.

　　머피의 법칙은 "나쁜 일이 일어나는 사람에게는 계속 부정적인 일들만 생긴다."라는 것으로 알려져 있다. 머피의 법칙을 사회생활이나 인생살이에 적용하면, 사실은 맞는 경우보다 맞지 않는 경우가 많지만 사람이 부정적인 사고방식에 사로잡히면 얼마든지 머피 법칙이 적용될 수 있다. 하지만 반대로 긍정적인 방향으로 생각해 좋은 일만 일어날 것이라고 생각하면 계속 좋은 일이 일어나 하루하루가 즐거울 것이다.

　　긍정적인 생각을 가지려는 노력은 자신을 힘들게 하는 부정적인 생각들을 몰아내게 된다. 자신을 긍정적으로 만드는 방법은 다음과 같다.

1) 자존감을 높이기 위해서는 모든 것을 긍정적으로 생각하는 것이 좋다. 예를 들면 "나의 주변은 모든 것이 좋아", "나는 하는 일 마다 잘 돼"라고 생각한다.

2) 부정적인 생각이 들 때마다 긍정적으로 바꾸어 생각한다. 예를 들어서, 자신이 못생겼다는 생각이 들면 "나는 오늘 멋져 보여", 오늘 잘된 일이 하나도 없어 우울하다면 "나는 오늘 일이 잘되어서 기뻐"라고 해 본다.

3) 긍정적인 생각들을 일기에 기록하여 잠자리에 들기 전과 일어났을 때 그것을 읽어본다.

4) 긍정적인 명언들을 포스트잇에 적어서 눈에 잘 보이는 곳에 붙여 두고 수시로 읽어 본다. 현실과 이상을 구별하지 못하는 뇌는 명언들을 보면서 나를 변화시키는 자극이 된다. 틀림없이 명언들은 자신의 마음을 강화하고 마음에 새기는데 도움이 될 수 있다.

03 | 긍정언어 사용을 늘린다

어떠한 일이 발생 했을 때 긍정적으로 상황을 받아들여 긍정언어를 사용하는 사람이 있는가 하면, 부정적으로 상황을 이끌어내는 사람이 있다. 긍정언어는 긍정적인 생각을 하게 하는 단어를 말하며, 부정언어는 부정적인 생각을 하게 하는 단어를 말한다.

간단한 언어 사용이지만 결국 긍정적인 사람이 되느냐 부정적인 사람이 되느냐의 차이를 가져오게 된다.

미국 국립건강관리소 에릭 에머슨(Eric Emerson) 박사의 연구의 연구 결과를 보면 평소에 긍정적인 말을 하는 사람이 부정적인 말을 하는 사람에 비해 훨씬 건강한 것으로 나타났다.

에머슨 박사는 조사대상을 3개 그룹으로 편성하여 신체검사를 실시하고 난 후 첫 번째 그룹은 평소 쓰는 말을 그대로 쓰면서 생활하도록 하고, 두 번째 그룹은 긍정적인 말을 많이 하면서 생활하도록 하고, 세 번째 그룹은 부정적인 말을 많이 하면서 생활하도록 지침을 받았다. 일정기간이 지난 다음 신체검사를 하여 건강의 변화를 관찰했다.

평소 쓰는 말을 그대로 쓰면서 생활한 첫 번째 그룹은 건강에 아무런 변화가 없이 건강한 사람은 계속 건강했고, 건강이 나쁜 사람은 계속 나빴다. 긍정적인 말을 많이 하면서 생활한 두 번째 그룹은 혈압, 혈당, 콜레스트롤 등 여러 건강관련 지표가 이전보다 훨씬 좋아졌다. 부정적인 말을 많이 하면서 생활한 세 번째 그룹은 오히려 건강이 나빠졌다.

실험 결과를 가지고 에머슨 박사는 긍정적인 말을 하는 습관을 갖게 되면 반드시 건강이 좋아지며, 부정적인 말을 많이 하는 습관을 갖게 되면 건강이 나빠진다는 결론을 내렸다.

에머슨 박사의 실험 이외에도 사람을 대상으로 비슷한 실험이 여러 차례 이루어졌으며, 심지어 식물이나 사물을 대상으로 긍정적인 언어와 부정적인 언어를 사용할 때의 실험 결과도 사람을 대상으로 하는 것과 같은 결과가 나왔다. 이처럼 긍정 언어를 사용하면 상대의 말을 긍정해 주어 좋은 관계가 형성되고, 나 자신도 긍정적인 말을 많이 할수록 몸의 면역력이 높아져 건강한 삶을 살 수 있으며, 주변도 좋아진다는 것을 경험할 수 있다.

사람들의 감정은 자신이 느끼는 대로 마음속에 떠오를 수도 있지만, 대부분 자신이 하는 말들이나 표정으로 인해서 만들어질 수도 있다. 말하는 습관을 조금만 바꿔도 정신적으로 좋아지고 인생이 달라질 수 있다. 따라서 다음과 같이 부정언어 보다는 긍정언어를 사용하는 것을 습관으로 갖는 것은 우리의 삶을 행복하게 만드는 토양이 된다.

<표 8-1> 긍정언어와 부정언어

구분	긍정언어	부정언어
ㄱ	가득, 가벼운 갈망, 감격, 감동, 감미롭다, 감사, 감탄, 개운, 건강, 고마운, 고무적, 고요, 괜찮다, 그리움, 기대, 기력, 기운, 끝내주다.	간담, 긴장, 갑갑함, 거북함, 걱정, 격노, 겸연쩍은, 고단, 고독, 곤혹, 공허, 괴로움, 구슬픈, 귀찮은, 그리운, 근심, 긴장, 김빠지는, 까마득한, 꿀꿀한, 끓어오르는
ㄴ	낙천, 나눔, 낭만, 넉넉함, 놀라움, 느긋	낙담, 난처, 냉담, 놀란, 눈물겨운
ㄷ	다정, 다행, 담담함, 당당함, 두근거리는, 든든함, 들뜬, 따뜻함, 따사로움, 단호, 대담	답답함, 당혹, 두려움, 뒤숭숭한, 따분, 떨떠름, 떨리는, 떨어짐,
ㄹ	리더십, 로맨틱	

ㅁ	믿음, 명랑, 매력, 맑은, 멋진	막막함, 막힘. 맥 빠진, 멋쩍은, 맥 풀린, 멍한, 무감각, 무기력, 무료, 무서움, 무안함, 민망함
ㅂ	반가움, 밝음, 벅찬, 보람, 부드러움, 뿌듯함, 비상,	부끄러움, 분개, 분함 불안, 불편, 비참
ㅅ	사교, 사랑, 산뜻함, 상냥함, 상승, 상쾌함, 생기, 생생함, 설레임, 섬세, 소망, 소탈, 솟다, 수려, 순수함, 시원함, 신나는, 쌈박함	서늘함, 서글픈, 서러운, 서먹한, 섬뜩한, 서운한, 성가신, 심심한, 속상한, 슬픈, 쓰라린, 쓸쓸한, 섭섭한, 쑥스러운
ㅇ	왕성함, 엄청난, 안심, 여유, 열렬, 열망, 예쁜, 오름, 온화, 용기, 우아, 원기, 원만, 유쾌함, 융통, 의기양양	아픈, 안절부절, 안타까운, 암담함, 야속한, 애끓다, 약오르는, 애석, 어색, 염려, 억울, 언짢은, 원망, 오싹한, 외로움, 우울, 울적, 울화
ㅈ	적극, 정의, 조용, 재미, 정직, 존귀, 지혜, 자애, 자신감, 자유, 지적인, 절약, 정숙, 진취	질식, 저주
ㅊ	충만, 차분, 착함, 창의적, 침착, 친근한, 친밀, 친숙, 책임	참담, 창피, 처연, 처참, 초조, 치밀다. 침울
ㅋ	쾌적, 쾌활	
ㅌ	태연, 털털, 통쾌, 튼튼한	
ㅍ	팔팔한, 패기, 편안, 평온, 평화, 포근함, 포용, 푸근한	피곤, 핏대서다.
ㅎ	합리적, 행복한, 호감, 홀가분한, 화끈, 화사한, 확신, 환상, 환희, 활기, 활달, 활발함, 활동적, 황홀, 헌신, 후련한, 훌륭한, 흐뭇한, 흔쾌히, 흡족, 흥미, 흥분, 희망, 힘찬	하락, 한스러운, 허전, 허탈, 허한, 혐오, 혼란, 화나는, 힘든

04 ｜ 남과 비교하지 않는다

비교라는 것은 다른 사람과 자신 간의 차이점이나 유사점 따위를 견주어 보는 것을 말한다. 자존감은 나 스스로를 비하하지도 않고, 내세우지도 않으며, 있는 그대로 자신을 바라보는 것으로 시작된다. 따라서 자존감은 자기 스스로가 자신에 대해서 갖는 감정이기 때문에 남과 비교해서는 안 된다. 더욱이 자신을 사랑하기 위해서는 있는 그대로를 스스로 인정해주어야 한다.

자존감이 떨어지는 이유 중 하나는 남들과 비교하면서 자신의 부족함을 찾기 때문이다. 예를 들어 '남들이 나보다 잘났다는 생각', '남들이 나보다 부자라는 생각', '남들이 나보다 능력이 있다는 생각', '남들이 나보다 모든 일이 잘된다는 생각' 등은 주관적인 생각인 것이다.

근거없는 주관적인 생각으로 자기 자신을 과소평가하고 다른 사람들을 과대평가하게 되면 자신은 한없이 초라하고 우울해 진다.

의외로 남들은 관심도 없는 사안에 대해서 혼자 비교하고 자신이 부족하다는 생각으로 낙담을 하는 경우도 많다. 예를 들어 상대방은 멋있다는 생각을 가지지도 않는데 나 혼자 '저 사람은 멋있는데 왜 나는 이렇게 못생겼을까?' 또는 '저 사람은 부모를 잘 만나서 좋은 차를 타고 다니고, 나는 능력이 없어서 좋은 차를 못 탄다.'라는 생각을 한다. 그 누구도 신경 쓰지 않는 일에 대해 본인이 만든 잣대로 비교하여 자신의 자존감에 상처를 입히는 것이다.

만약 현실적으로는 그러하더라도 보이는 것만이 다가 아니라는 것을 인지하고 또한 그에 못지않은 본인이 가지고 있는 장점과 가치를 생각하는 것이 중요하다. 자신만이 가지고 있는 가치와 존중을 자각하는 것은 자신을 사랑하는 마음을 생기게 하고, 자존감을 높이는데 도움이 된다.

「밀리의 판타스틱 모자」라는 그림책은 우리에게 긍정메시지와 함께 에너지를 올려주기에 충분하다.

학교에서 집으로 가던 밀리는 모자 가게를 발견한다. 가게 안으로 들어가 예쁜 깃털 모자를 써 보고서 사고 싶어 하지만 값이 99만 9천 9백 원이나 되었다. "아, 혹시 더 싼 건 없나요" 하고 묻자 아저씨는 "얼마 정도 값이면 될까요, 아가씨?" 하고 친절하게 물었다. "저... 이 정도..." 하고 보여주는 밀리의 지갑은 텅 비어 있었다.

아저씨는 가게 뒤편에서 모자를 꺼내와 밀리의 머리에 씌워주며 "아가씨는 상상만 하시면 됩니다."라고 말했다. 밀리는 지갑을 열어 안에 든 돈을 전부 아저씨에게 주었다. 아저씨는 공손하게 돈을 받으며 "고맙습니다, 아가씨. 모자를 상자에 넣어 드릴까요?"라고 물었다.

가게를 나온 밀리는 즐거웠다. 상상의 마법 모자를 썼으니, 밀리의 모자는 케이크 가게 앞에서는 케이크 모자가 되고, 꽃 가게를 지날 때에는 꽃다발 모자가 되고, 공원에서는 분수 모자가 되었다.

밀리는 집에 도착해 자신의 모자를 부모에게 자랑했다. 부모는 모자를 찾을 수 없었지만 "정말로 멋진 모자구나, 밀리. 엄마도 갖고 싶은데"하고 말했다. 그러자 밀리가 "엄마도 갖고 있어요 상상만 하면 돼요." 하고 웃으면서 말했다. 그래서 엄마, 아빠도 밀리의 판타스틱 모자를 갖게 되었다.

우리 사회가 밝고 건강한 사회가 되는 것은 어른들이 아이의 상상력을 이해해줄 때 가능하다. 밀리는 상상대로 변하는 판타스틱 모자를 받았다. 즐거운 모자를 차례로 상상하다가 밀리는 사람들이 저마다의 특별한 모자를 쓰고 똑같은 건 하나도 없다는 것을 깨달았다.

자존감을 높이기 위해서는 남들과 비교하지 말아야 한다. 어쩌다 남들과 비교하려는 생각이 들려고 하면, 그 비교하려는 생각을 최대한 빨리 버려야 한다. 만약 어쩔 수 없이 남들과 비교를 하게 된다면 자신을 과소평가하지 말고, 자신을 남들보다 높은 순위에 두어야 한다.

예를 들어 "세상에는 나보다 잘 난 사람이 하나도 없어", "나보다 일을 잘 처리하는 사람이 있으면 나와 봐", "나보다 행복한 사람은 본 적이 없어" 등을 말한다.

자신의 강점을 찾게 되면 자신을 존중하게 되면서 자존감이 높아지게 된다. 그렇지만 자신에 대한 자존감이 지나쳐 자만심과 오만으로 변질될 수 있는 태도는 피해야 한다.

자신을 사랑하는 것이 지나쳐 자신의 잘난 점과 장점만 지나치게 생각하는 자기중심적인 사고를 가지지 않도록 주의해야 한다. 자기중심적이 되면 주변에 있는 사람들은 점점 거리감을 느끼게 되고, 함께 하기를 꺼려하여 결국 인간관계에서 고립을 가져오게 된다.

자신의 장점을 찾기 어렵다면 자신이 느끼는 자신의 단점을 찾아서 장점으로 변환해야 한다. 자기 자신이 좀 더 나아질 수 있도록 자신의 단점을 장점으로 변화시키기 위해서는 다음과 같은 마음을 갖는 것이 좋다.

- 나는 능력은 없지만 노력을 잘한다.
- 나는 잘 되는 일은 없지만 끝까지 도전한다.
- 나는 몸이 약하지만 정신력은 강하다.
- 나는 돈이 많은 부자는 아니지만 마음은 부자다.
- 다른 사람의 성공은 수 많은 실패 속에서 이루어졌다.
- 열 번 찍어 안 넘어가는 나무 없다.

05 | 자신을 격려한다

격려는 용기나 의욕이 솟아나도록 북돋워 주는 것을 말한다. 격려를 듣게 되면 용기나 의욕이 솟아나 이전보다 더 높은 성과를 내거나 힘이 나게 된다. 특히 사는 게 힘든 사람들이나, 지쳐있는 사람들에게 격려는 자신감을 갖게 하는 원동력이 되기도 한다.

칭찬과 격려는 목표를 달성하는 데 중요한 동기 유발 수단이며 자존감을 높이는 방법이다. 칭찬과 격려는 비슷해 보이나 엄연히 차이가 있다. 칭찬은 대체로 남보다 잘했을 때, 최고일 때 하게 된다. 또한 남보다 잘한 것이 너무 대견해서 다음에 또 잘하라고 칭찬을 하게 된다. 즉, 성공했을 때 주어지는 것이다. 그러나 격려는 아주 작은 것일지라도 열심히 노력한 것에 대해 주어진다. 실패했을지라도 노력한 데 대해 주어지는 것이 격려인 것이다. 다시 말해 칭찬에는 경쟁 정신이 포함되어 있고, 격려에는 협동정신이 포함되어 있다.

격려는 아무 때나 하는 것이 아니라 적시에, 올바른 생각이나 행동을 했을 때 알맞게 하는 것이 가장 효과적이다. 격려는 항상 필요한 것이기도 하지만 특히 자신감을 잃어 도전할 마음이 없을 때, 실천하던 일이 잘 풀리지 않아 곤경에 빠진 때, 쉬운 일인 줄 알고 시작했는데 일이 어려워졌을 때, 기대 수준이 높았는데 기대가 낮아졌을 때 필요하다. 이러한 상황에 빠지면 목표를 잃고 방황하게 된다. 그리고 자신의 가치나 능력에 대한 확신이 없어지면서 어려움을 겪게 되고 심지어는 좌절에 빠질 수도 있다.

따라서 자신에게 하는 격려는 어려운 일에 맞닥뜨렸을 때 누구의 도움 없이도 혼자 이겨낼 수 있다는 의지를 갖게 하는 에너지원이 된다. 스스로 하는 격려로 인해 목표에 도달하게 되면 자존감도 높아지게 된다.

자신에게 격려하는 방법은 다음과 같다.

- 나는 점점 나아지고 있다.
- 나는 앞으로도 훌륭하게 해낼 수 있다.
- 나는 놀라운 능력을 가지고 있다.
- 나는 모든 사람이 자랑스럽게 생각하고 있다.
- 나의 도전은 정말 좋은 시도였다.
- 나는 나를 믿는다.
- 나는 무엇이든지 할 수 있다.
- 나는 모든 일에 사려가 깊다.
- 나는 참으로 지혜롭다.
- 나는 내가 잘 해내리라 믿는다.
- 주변 사람들이 나를 잘 되기를 바라고 있다.
- 나에 대한 좋은 기대를 하고 있다.
- 최고가 되지 않아도 돼! 다만 후회하지 않도록 최선을 다하는 거야!

06 ㅣ 건강한 삶을 산다

사람들에게 인생에서 제일 중요한 것이 무엇이냐고 물어보면 당연히 건강이라고 한다. 그래서 "돈을 잃으면 조금 잃은 것이요, 명예를 잃으면 많이 잃은 것이다. 그러나 건강을 잃으면 전부를 잃은 것이다."라고 강조하면서 역시 건강이 최고라고 말한다.

건강한 신체에서 긍정적인 마음이 생긴다. 따라서 건강한 삶을 살아야 한다. 건강을 유지하는 방법은 꼭 정해진 방법이 있는 것이 아니라 마음의 건강으로부터 시작해야 한다. 그래서 그런지 요즘 사람들은 그 어느 때보다 건강에 대한 관심이 높다. 매일 헬스장을 찾아 운동을 하고 있으며, 보양식을 챙겨 먹고 좋은 것만 먹기 위해 애를 쓴다.

참으로 중요한 것이 건강인데, 참으로 소홀히 하는 것도 건강이다. 평소에는 까맣게 잊어버리고 살다가 병들면 생각나는 것이 건강이고, 병원에 가면 긴장하며 온통 건강에 대한 생각만 했다가도 병원 문을 나서면 곧바로 잊어버리는 것이 건강이다. 제일 중요한 것이면서 아프지 않으면 느끼지 못하고, 바쁘면 다 잊는 것이 건강이기도 하다.

세계 보건 기구(WHO)는 건강을 신체적, 정신적, 사회적으로 안녕한 상태로서 단순히 아프지 않거나 병약하지 않다는 것에만 국한되지 않는다고 정의를 내리고 있다. 이 정의는 건강의 개념을 단순히 신체만으로 국한하지 않고 정신적, 사회적으로도 평안해야 함을 의미한다.

자존감을 높이기 위해서는 건강해져야 한다. 건강하지 못하면 우선 자신의 가치를 찾기가 어려우며, 자신을 사랑하기 어렵다. 또한 자존감이 떨어지게 하는 우울이나 스트레스는 건강을 잃게 만들어 결국은 더욱 자존감을 상실하게 하기도 한다. 그러므로 자존감을 높이기 위해서는 가장 기초적인 것이 건강한 삶을 사는 것이다.

건강을 입에 달고 산다고 꼭 건강한 삶을 사는 것은 아니다. 오히려 과도한 관심을 가지고 건강관리를 하였지만 일찍 사망하는 경우도 많고 반대로 너무 바빠서 건강에는 전혀 신경을 쓰지 못하지만 건강하게 장수하는 경우도 있다. 그래서 건강이라는 것은 단순히 신체적인 건강 이외의 다양한 요인에 관심을 가지고 노력해야 한다는 것을 알 수 있다.

건강한 생활을 위해 다음과 같은 생활 습관을 들어보면 어떨까?

- 하루에 세 끼를 규칙적으로 먹는다,
- 신선하고 영양가가 풍부한 음식들로 구성된 식사를 한다.
- 몸에 좋은 생선, 과일, 야채와 같은 음식들을 꼭 먹는다.
- 음식은 약간 부족하게 먹는다.
- 소금 섭취량을 줄인다.
- 신체에 수분을 보충하기 위해서 물을 자주 마신다.
- 가공식품과 설탕 및 카페인이 함유된 음식물이나 음료를 피한다.
- 지속적으로 꾸준히 운동을 한다.
- 흡연이나 과도한 술을 마시지 않는다.
- 스트레스가 생기지 않도록 한다.
- 스트레스가 생기면 바로 풀어야 한다.

- 건강 검진은 꾸준히 한다.
- 성인병 예방을 위해서 노력해야 한다.
- 비만이 되지 않도록 주의한다.

07 ┃ 욕심을 버린다

욕심은 분수에 넘치게 무엇을 탐내거나 누리고자 하는 마음을 말한다. 욕심은 외부에서 주어지는 것이 아니라 본인이 스스로 만드는 것으로, 욕심을 갖는 것은 인간의 본성 중에 하나라고 할 수 있다.

욕심이란 자신이 필요한 것을 구하려는 마음이니 욕심 그 자체가 문제가 되는 것이 아니다. 그러나 집착을 하거나 대상에 집착을 하여 필요 이상의 욕심을 낼 때가 문제가 된다.

예를 들면 "나는 모든 것을 가질 거야", "돈을 많이 벌어서 좋은 차를 사고 싶어", "나는 최고가 되고 싶어", "나를 만나는 사람들이 모두 나를 좋아하게 만들 거야" 등이다.

욕심이 적으면 목표에 도달하기가 용이해 성취감을 느낄 수 있는 기회가 많아질 수 있다. 그러나 욕심이 과하면 자신이 원하는 것을 다 가질 수 없을지 모른다는 불안감과 함께 모든 것을 자기중심적으로 생각하여 타인에게 상처를 입힐 때가 많다.

맹자는 욕심을 적게 하는 것이 마음을 키우는 가장 좋은 방법이라고 했다. 맹자는 경험적으로 욕심이 많은 사람 가운데는 마음을 보존한 사람이 드물고, 욕심이 적은 사람 가운데는 마음을 보존하는 사람이 많다고 보았다. 즉 마음과 욕심과의 관계에서는 욕심을 줄이는 것이 마음을 보존하는 일반적인 방법인 것이다. 여기서 마음을 보존한다는 것은 자존감을 갖는 것을 말한다.

자존감이 낮은 사람은 남들로부터 대우를 받고 싶은 욕심이 많으며 자존심만 높은 경우가 많다. 자만심이 높으면 타인을 무시하거나 부정적으로 보며, 자신의 능력이 지나치게 높은 것으로 인식하게 된다. 그리고 과한 욕심은 자기만 옳다고 생각하기 때문에 남과 타협을 하지 못하며, 더 나아가 고집과 아집을 만든다.

고집은 자기 의견을 끝까지 주장하며 우기는 것을 말한다. 아집은 생각의 범위가 좁아서 전체를 보지 못하고, 자기중심의 한 가지 입장에서만 사물을 보고 문제를 해결하려는 사고방식을 말한다. 결국 과한 욕심은 자신에 대한 올바른 판단을 하지 못하고, 자기중심에서 모든 것을 보고, 문제 해결을 하려 하기 때문에 타인을 무시하는 행동을 하게 된다. 결국 과한 욕심은 본인을 괴롭히고 힘들게도 하지만, 다른 사람들에게 부담을 주기 때문에 소외당하기 쉽다.

욕심을 버리고 서로에게 이득이 되는 방법을 찾는다면, 상대방에게 인정을 받게 되고 좋은 인상을 남길 수 있다. 상대방에게 인정을 받으면 자연적으로 자존감이 높아지게 된다.

욕심을 버리는 방법은 다음과 같다.

• 작은 것에도 기쁨과 행복을 느낄 수 있는 마음을 갖는다.
• 지나치게 가지려 하면 아무것도 얻을 수 없다는 생각을 갖는다.
• 과한 욕심은 화를 불러온다고 생각한다.
• 남들과 비교하지 않는다.
• 집착을 버린다.
• 지금 충분하다는 생각을 한다.
• 자신을 사랑하는 마음을 갖는다.

08 ꘡ 성취감을 느낀다

성취(成就)란 내가 어떤 것을 행동했는데 그 행동의 결과가 만족스러웠을 때 성취라고 표현한다. 성취(成就)라는 한자의 '成'은 성공(成功)의 '成'과 같은 한자로, 성취와 성공은 거의 같은 의미라고 할 수 있다. 성취의 반대말은 실패, 패배, 좌절 등이 있다.

성취감이란 목적(目的)한 바를 이루었을 때의 만족감을 말한다. 사람이라면 자신이 더 나은 생활을 하고 싶은 욕구와 행복하게 살고 싶은 욕구를 가지고 있다. 인간은 자신이 가진 욕구를 해결하려는 목표에 도달했을 때 성취감을 느낀다. 성취감을 느끼고 싶어 하는 것은 인간의 본성이며, 자연스러운 감정이다.

성취감이란 어떠한 목표나 욕구를 달성하기 위하여 열심히 노력하고 그 결과로 원하는 것을 이루었을 때 주관적인 만족감을 느끼는 상태이다. 성취감은 현재에 만족하지 않고 자기 발전의 확신을 가지게 되고, 새로운 목표를 세워 이루려는 도전의욕, 욕구를 갖게 한다. 그리고 자신의 장래를 낙관적으로 예측하게 하여, 무엇이든 할 수 있다는 자신감을 준다. 뿐만 아니라 성취감은 만족감을 주고 행복하게 만들어 주어 생활에 활력을 준다.

성취감을 느끼면 자신을 긍정적으로 보게 되고, 자신의 가치를 높게 보기 때문에 만족감과 행복감을 느끼게 된다. 즉 성취감을 갖게 되면 자신의 가치를 높게 보고, 자신을 긍정적으로 생각하는 자존감과 자긍심이 높아지게 된다. 그러나 성취감을 느끼지 못하는 삶은 재미가 없으며, 단조로워 진다.

성취감은 주관적인 만족감이기 때문에 사람마다 차이가 있다. 예를 들어 절실하게 필요한 목표를 도달하기 위해서 열심히 노력하여 얻은 성취감은 매우 높지만, 소소한 목표가 저절로 이루어지게 되면 성취감의 정도는 약하다.

높은 성취감은 그만큼 자신에 대한 만족감이 크고, 기쁘게 한다. 반면에 낮은 성취감은 만족감도 떨어지고, 성과에 대한 가치를 하찮게 여기기도 한다.

높은 성취감을 느끼기 위해서는 다음과 같이 하는 것이 좋다.

- 개인의 능력이나 재능을 최대한 이용한다.
- 자기의 잠재력을 최대한 발휘한다.
- 목표 달성에 몰입한다.
- 삶의 진정한 의미를 찾으려고 한다.
- 생산적인 목표 달성을 한다.
- 창조적인 활동과 사고를 한다.

자존감이 낮은 사람들을 위해 성취감을 높이는 방법은 다음과 같다.

- 달성 가능한 작은 목표를 세운 후 도달할 때마다 자신에게 칭찬한다.
- 자신이 잘할 수 있는 것을 목표로 세운다.
- 자신이 목표에 도달했던 경험을 떠 올리면서 성취감을 느껴본다.
- 자신의 자랑거리나 잘할 수 있는 점을 찾아 좋은 결과를 상상해 본다.

- 그동안 미뤄뒀던 귀찮은 일을 처리해서 성취감을 얻는다.
- 전에 자신이 성취감을 느꼈던 때를 떠올려 본다.
- 의무적으로 하는 일이나, 억지로 해야 하는 일도 목표로 전환하여 이루고 성취감을 얻는다.

09 | 다른 사람을 돕는다

자원봉사는 지역사회의 복지증진을 위하여 일하는 집단이나 기관의 책임 일부를 감당하는 자로 노력의 대가를 받지 않고 자발적으로 봉사하는 활동을 말한다.

자원봉사란 영어로 발란티어(Volunteer Activity)인데 이는 라틴어의 Voluntas(자유의지)에서 나온 말로, 무언가를 자발적으로 하는 행위를 가리킨다. 인류사회의 협조를 향한 인간 개인의 자유의지를 의미하는 것으로 제1차 세계대전 때부터 자발적으로 군대에 지원하는 지원병, 자원병 등에 사용되어 왔다. 오늘날에는 법률적으로 무상 봉사하는 사람이라고 정의하고 있다

자원봉사는 인간의 가치와 존엄성을 강화시켜 주고 이웃, 지역사회, 전체 사회와 한 묶음이라는 공동체 의식을 체험할 기회를 제공해 주는 활동이다.

자원봉사는 사람들에게 적극적인 사회 참여를 통하여 무기력하고 의미 없는 삶에 활력을 줄 수 있고, 자존감을 갖게 한다. 실제로 자원봉사를 하는 사람들이 자원봉사를 하지 않는 사람들보다 더 행복하고 자존감이 높은 것을 볼 수 있다.

다른 사람을 도와야 자신에 대한 긍정적인 감정을 가질 수 있다는 사실이 역설적으로 들릴 수 있지만, 자원봉사나 다른 사람을 도우면서 동반되는 사회적인 연결고리가 스스로를 더욱 긍정적으로 만들어 준다.

남을 도우면서 얻게 되는 장점을 보면 다음과 같다.

- 남에게 도움을 주면서 자아실현의 욕구 등과 같은 인간의 기본적 욕구를 충족시켜 준다.
- 남에게 도움을 주면서 정신적 안정감을 갖게 된다.
- 인생의 보람과 희망을 갖게 해 준다.
- 정신건강과 건전한 인격형성에 도움을 준다.
- 개인적 능력을 활용하게 되어 생활의 의의나 보람을 느끼게 된다.
- 여가를 건전하게 이용하여 개인의 발전을 도모할 수 있다.
- 자원봉사자 간의 교류를 통하여 정보를 교환하고, 사회의식을 고취하여 봉사자 자신의 문제를 살펴보게 되어 자신의 문제 해결에 도움이 되게 한다.
- 사회문제 해결에 참여하여 전문적 지식을 증가시킬 수 있다.
- 자원봉사자 간의 연대 의식을 갖게 되어 지역사회의 소속감과 국민의식을 갖게 한다.
- 사회문제에 접근하고 치료하면서 사회나 국가에 대해 긍정적 견해를 갖게 된다.

오늘날의 자원봉사는 가진 자가 가지지 못한 자를 위하여 베푸는 것이 아니라 '함께 살고', '서로 배우며', '같이 성장하는 것'을 목표로 하고 있다. 자원봉사 활동은 동정이나 자선으로의 일방적 봉사 활동이 아니라 인간 상호 간의 연대를 무엇보다 중요시하여 인간이 인간을 소외하거나 멸시하는 일을 예방하는 인간존중이라는 정신 위에 성립되어야 한다.

자원봉사 일감을 찾기 위해서는 지역 자원봉사센터, 노인복지관, 사회복지시설 등에 등록하고 그 기관에서 시행하는 자원봉사 프로그램에 참여하는 것이 가장 쉬운 방법이다. 다음으로는 지역의 경로당, 사회복지관이나 노인복지관, 기타 노인 단체나 자원봉사단체에서 이루어지는 일에 참여하는 방법이 있다.

특히 은퇴 후 행복한 인생을 만드는 방법의 하나로 자원봉사를 해볼 것을 권한다. 자원봉사에 임하는 사람은 다양한 형태로 보상을 얻게 되는데 예를 들어 보람이나 경험 등 정신적 보상이나 교통비나 식사비, 소정의 활동비 등을 제공받는 금전적 보상이 있을 수 있다.

제9장
자존감을 높이는 부모역할

01 ㅣ 부모역할의 중요성

자존감에 형성에 끼치는 외부 요인 가운데 부모의 영향은 매우 중요하다. 부모는 인생에서 가장 오랫동안 같이 하는 사람으로 가장 많은 영향을 준다.

특히 영유아기의 아이들은 부모의 행동을 따라하면서 성장하기 때문에 부모의 자존감도 아이에게 긍정적인 영향을 미친다. 그렇다고 해서 좋은 성품을 가진 부모 밑에서 자란 아이가 성장 후 꼭 부모처럼 살아가는 것은 아니다. 그러나 좋은 성품을 가진 부모 밑에 자란 것이 세상을 살아가는데 중요한 기준으로 작용하기도 하고 부모를 본받아 그런 성향이 자연스럽게 나타나는 것은 인지상정이다.

자녀의 자존감을 높이기 위해서 무엇보다 부모들이 먼저 높은 자존감을 가지고 아이들을 대해야 한다. 그리고 아이의 발달 단계에 따라 자존감을 높이기 위하여 지속적인 노력을 해야 한다. 아이들의 자존감은 부모와의 관계 속에서 형성되고, 자신이 사랑받고 있다는 생각에 큰 영향을 받는다.

아이들은 부모를 통해 자신이 가치 있고, 사랑받을 만한 존재라고 느끼게 되면 자존감은 자연스럽게 형성된다. 아이들은 부모의 충만한 사랑 속에서 자신이 존중받고 사랑받는 존재임을 느끼며 자신감을 얻게 되고, 스스로를 가치있는 존재로 여기면서 자존감을 형성해 나가는 것이다.

이때 부모의 자존감이 높다면 아이들의 표본이 되어 그런 모습을 자연스럽게 배우게 되고 아이에게 긍정적인 영향을 주게 된다. 또한 아이들에 대한 부모의 무조건적인 사랑은 다른 사람에게도 사랑을 베풀 수 있는 여유를 가지게 하고, 삶에 대한 에너지의 원동력이 되어 행복한 생활을 하게 만든다.

02 ㅣ 부모를 당황하게 하는 아이들

아기가 세상에 태어나는 것이 얼마나 신기했으면 옛 사람들은 아기를
황새가 물어다 준다느니 삼신할머니가 점지한다느니 하는 이야기들로 아
기가 세상에 오는 것을 표현했다. 퀜틴 블레이크는 「내 이름은 자가주」
라는 책에서 아기는 하늘이 준 선물이라고 비유하였으며, 아이를 키우는
것은 부모의 무한한 사랑이 필요하고 매우 힘든 일이라는 것을 은유적으
로 표현하였다.

옛날 옛적에 행복한 부부가 살고 있었는데 어느 날 이상한 소
포꾸러미가 배달되었다. 소포 안에는 앙증맞은 분홍빛 생물이
들어 있었는데, 이름은 자가주(Zagazoo)였다. 부부는 자가주를
키우면서 행복하게 살았다. 그러던 어느 날 자가주가 커다란 새
끼 대머리독수리로 변해 있었다. 그 울음소리는 정말 끔찍했고
무서웠다.

어느 날 아침에는 가주가 새끼 코끼리로 변해 있었다. 새끼 코끼리는 가구들을 밀쳐 쓰러뜨리고 식탁보를 잡아당기고 코에 닿는 것은 무엇이든 입으로 가져가 집을 어지럽혔다. 그러다 자가주가 멧돼지로 변했다. 멧돼지는 진흙처럼 보이면 어떤 곳이든지 달려들고 뒹굴어 집안이 온통 흙투성이가 되었다.

자가주는 또 못된 새끼 용으로 변했다. 못된 용은 불을 뿜어 양탄자를 태워 부부에게 고민거리를 안겨주었다. 그러다 어느 날 자가주는 박쥐로 변해 커튼에 매달려 찍찍대고 있었다. 그러더니 다시 멧돼지로 변했고, 코끼리가 되더니 그 다음에는 못된 용이 되었다. 부부는 매일 바뀌는 자가주 때문에 정신이 하나도 없었다. 어느 날은 자가주가 이상하고 낯선 털북숭이로 변해 있었다. 부부는 자가주의 옛날 모습이 그리웠다.

그러던 어느 날 자가주는 예의바르고 말끔한 청년이 되어 있었다. 그리고 그 청년이 배우자감을 데리고 집에 왔을 때, 자가주의 부모는 펠리칸이 되어 있었다.

아기를 키워 본 사람은 아이의 발달과정이 매우 다양하고 복잡한 것을 잘 안다. 아이가 태어나서 영아기 때에는 왜 우는지도 모르게 대머리독수리처럼 밤새 빽빽 울기도 하고, 기어 다니기 시작하면 말을 못 알아듣는 코끼리처럼 온갖 물건을 쓰러뜨리기도 한다.

유아기 때는 밖에 나가 놀기 시작하면 흙발로 들어와 멧돼지처럼 집안을 난장판으로 만들기도 하고, 미운 일곱 살이 되면 새끼용이 불을 뿜듯이 독한 말도 서슴지 않는다.

압권은 아이의 사춘기다. 사춘기의 시간에 털복숭이처럼 무섭고 이상하게 변하면서 걱정거리를 만든다. 부모는 차라리 과거의 코끼리나 멧돼지가 낫다고 생각해서 미웠던, 옛날로 돌아갔으면 좋겠다고 생각까지 하게 된다.

부모는 아이를 키우면서 당황할 때마다 "내가 어떻게 해야 하지?", "나더러 어쩌라고?", "끝도 없잖아", "어휴, 언제 사람 되려나" 라는 말들을 끊임없이 하게 된다.

「내 이름은 자가주」의 마지막을 보면 부모의 무한 사랑으로 멋있는 청년이 된 자가주가 결혼하기 위해서 배우자감을 데리고 집에 와 보았더니 부부는 펠리컨으로 변해 있었다.

펠리컨은 자식사랑의 대표적인 새로 일컬어진다. 펠리컨의 부리에는 먹이를 최대한 13kg이나 저장할 수 있는데, 자식들에게 먹이를 배부르게 먹이기 위해서 먼 곳에서 자기 몸무게보다 무거운 먹이를 부리에 저장해 와서 새끼들을 먹인다.

부모는 펠리컨처럼 무한 사랑으로 자식을 키운다는 의미다. 그러나 무조건적인 부모의 사랑보다는, 자가주가 매번 다양한 동물로 변하는 것처럼 아이의 성장에 따라 변화하는 발달 단계에 맞게끔 사랑을 주어야 아이의 자존감을 높일 수 있다.

여러분은 자가주가 올 때를 기억하는가?

소포꾸러미에 있는 표에는 자가주라고 적혀 있었다. 부모에게 온 자녀는 처음부터 현재까지 자가주이다.

03 l 자존감을 높이는 자녀 양육 방법

　엄마하면 떠오르는 이미지는 매우 다양하다. 엄마의 역할에 대해서 생각해 보게 해주는 「메두사 엄마」라는 그림책이 있다. 메두사는 희랍어로 '통치자, 여왕, 수호자'인데 어원인 동사는 '보호하다, 지배하다'라는 뜻이 있다. 프랑스어로는 해파리라는 뜻으로, 책의 속지는 해파리로 가득 채워져 있다. 메두사 엄마는 어린이에게만 초점이 맞춰진 다른 책과는 다르게 엄마라는 어른의 성장을 다루고 있다는 점에서도 의미있는 그림책이다.

　해파리의 투명한 몸속에 있는 내장은 꽃처럼 아름다운 느낌을 주지만, 촉수 끝으로 독을 쏘아 자신을 방어하기도 한다. 메두사 엄마도 속은 딸을 사랑하는 마음으로 가득하지만 긴 머리카락으로 자기 밖의 세상을 경계한다.

　메두사 엄마는 사랑스러운 딸 이리제를 낳았다. 이리제는 프랑스어로 무지개 빛이라는 뜻이 담겨 있다. 메두사 엄마는 이리제에게 "너는 나의 진주야. 내가 너의 조가비가 되어 줄게" 진주가 빛을 받으면 무지개 빛으로 빛나듯이 이리제는 메두사 엄마에게 진주 같은 소중한 아이였다. 메두사는 그 진주를 감싸주는 조가비가 되어 이리제를 보호하겠다는 결심을 한다.

부모가 자녀를 양육하면서 선택할 수 있는 것은 두 가지 방법이 있다. 하나는 아이가 계속 자신의 품 안에서만 살도록 철저하게 보호하면서 자신 만의 양육 방법으로 아이를 키우는 것이다.

또 하나는 자신의 양육 방법을 접고 아이가 선택한 길에 따라 성장할 수 있도록 자신을 변화시키는 것이다.

메두사는 후자를 선택해서 아이가 독립적으로 성장할 수 있도록 지원하였고. 결국 독립적인 인격체로 성장하도록 하였다. 그리고 본인도 자신을 세상과 격리시켜 주었던 집으로부터 나와서 메두사라는 오래된 정체성을 포기하고 새로운 삶의 방식으로 살아가게 된다.

04 l 부모가 싸울 때

「나 때문에」라는 그림책을 보면 부모가 어떻게 아이를 양육해야 하는지 교훈을 얻을 수 있다.

　부모는 일상에 지쳐 아이들과의 소통을 서로에게 미루고, 서로를 원망하며 싸우다 깨진 화분에 발을 다쳤다. 그러자 아이들과 고양이 탓을 하며 고양이를 쫓아낸다.
　부모는 아이들을 잘못 키운 것에 대해서 서로 잘못이라고 싸우게 되고, 자신이 잘못해서 다친 것에 대해서도 고양이에게 책임을 돌렸다.

인간은 어떤 일이 생겼을 때 그 원인을 꼭 찾으려고 하는 귀인 본능이 있다. 특히 부정적인 일이나 상황이 생겼을 때, 그 원인을 찾지 못하면

인간은 불안하고 불편해 한다. 그래서 억지로 원인을 만들어 낸다. 그게 남일 수도 나일 수도 있다. 그리고 책임을 묻게 되는데 그것이 지나치다 보면 남이라면 적개심과 증오를 가지게 되고, 나라면 자책감에 고통스러워하게 된다.

교육학자들은 부부가 아이들 앞에서 싸우지 말라고 충고하지만, 그것을 항상 지키기는 쉽지가 않다. 그래도 아이들 문제로 아이들 앞에서 싸우는 것만은 피해야 한다. 부부가 싸울 때 아이가 있으면 아이가 충격을 받지 않도록 아이를 쫓아내기도 하는데, 이때 아이는 엄마가 생각하는 것보다 더 심한 충격을 받고, 부모가 싸우는 것 자체를 두렵게 인식한다.

아이들은 부모가 싸우게 되면 자기 탓으로 여기는 경우가 많다. 자기가 그렇게 하지 않았다면 부모가 싸울 일이 없었을 것이라고 여기며 자책하게 된다. 따라서 만약 부부가 싸우게 된다면 "너 때문이 아니야"라고 말해서 아이에게 안정감을 주어야 한다. 그렇게 하지 못해 안정감을 잃어버린 아이는 눈치 보는 아이가 되고 자신으로 인해 싸움이 발생할 것을 염려해 자신의 색깔을 표현하지 못하는 아이가 되어 버린다.

05 | 아이의 감성교육

「시메옹을 찾아주세요」라는 그림책을 보면 아이를 돌보고 배려하는 어른의 마음을 느낄 수 있다. 그리고 자신을 보호해주는 어른과 함께 있기에 마음이 편안해 지고 마음껏 어리광을 부릴 수 있는 아이의 마음 또한 느낄 수 있다.

에르네스트 아저씨의 무한한 사랑을 받고 있는 셀레스틴느가 부럽다. 우리의 마음 속에는 어른인 에르네스트 아저씨의 마음과 아이인 셀레스틴느의 마음이 모두 다 들어 있기 때문이다.

어느 추운 겨울, 에르네스트 아저씨와 셀레스틴느는 펭귄인형 시메옹과 함께 산책을 나갔다. 에르네스트 아저씨는 커다란 곰이었고, 셀레스틴느는 작은 생쥐였지만 큰 차이가 없어 보였다. 날씨도 춥고 날도 어두워지고 있어서 서둘러 집으로 돌아오던 중 시메옹을 어딘가에 흘리고 왔다는 것을 알게 되었다.

셀레스틴느는 슬퍼하며 아저씨를 탓한다. 에르네스트는 바로 어두운 밖으로 나가서 시메옹을 찾았다. 엉망이 되어있는 시메옹을 발견한 에르네스트는 인형 가게로 가서 시메옹을 대신할 다양한 인형들을 잔뜩 사가지고 왔다.

다양한 인형들이 있어도 셀레스틴느는 펭귄인형 시메옹을 그리워한다. 그러자 에르네스트는 셀레스틴느와 함께 시메옹의 그림을 자세히 그려서 직접 펭귄인형을 다시 만들어 크리스마스 선물로 주었다.

셀레스틴느는 친구들을 초대해서 파티를 열고 엉망이 되었던 시메옹을 대신해 사주었던 많은 인형들은 아이들의 크리스마스 선물이 되었다. 그리고 아이들은 선물받은 인형과 재미있게 놀다가 스르르 잠에 빠져들었다.

어린 자녀를 키우는 부모들의 최대 관심사는 '감성교육'이다. 감성교육은 원래 다양한 인간관계, 그 안의 실패와 성공을 경험하면서 자연스레 이뤄지는 것이다. 그러나 형제도 적고 공부 스트레스가 만만치 않은 요즘 어린이들은 이런 여유로운 경험을 할 기회가 적다. 화가 날 때, 친구에게 서운함을 느낄 때, 갑자기 학교가 싫어질 때 등 복잡한 내 마음을 이해하는 법을 배워 보는 것이 필요하다.

아이의 감성교육은 다음과 같이 지도하면 좋다.
① 아이의 편이 되어 준다.
아이는 그 모습을 통해 부모가 어떤 순간에도 자기를 지지할 거라는 믿음을 얻게 된다.
② 부모의 어린 시절을 알려준다.
부모가 자신의 어렵고 서러운 시절이 있었다는 고백에 아이는 용기를 얻게 된다.

06 | 기질에 따른 자녀 양육법

기질은 성격의 타고난 특성을 말한다. 기질은 타고난 성질이라는 점과 오래간다는 측면에서 기질은 특질(traits)과 유사하다. 예를 들어 불안과 긴장을 나타내는 아이들은 나이가 든 뒤에도 그런 모습을 보이는 경향이 있다.

가. 기질의 유형

심리학자 스텔라 체스(Stella Chess)와 알렉산더 토마스(Alexander Thomas)는 25년에 걸친 장기간의 연구 끝에 아이의 기질을 까다로운 기질, 순한 기질, 보통의 기질 등 3가지 유형으로 분류했다.

① 까다로운 기질

전체 아이의 10%에 해당한다. 이들은 신체 생리적으로 항상 각성되어 있어 조그만 자극에도 쉽게 반응하고 심하게 울고, 잠을 잘 안자거나 깊게 못 자고, 음식을 잘 먹지 않거나 매우 불규칙적으로 먹고, 편안한 감정 상태를 보이지 않으며 잘 달래지지 않는다.

② 순한 기질

전체 40%에 해당하며 식사, 배설, 수면이 비교적 규칙적으로 이뤄지는 아이다. 주변 환경 변화에 잘 적응하고, 새로운 자극에 관심을 보이며 스트레스를 잘 받지 않는다. 울더라도 쉽게 달래지며, 편안한 감정 상태에 있을 때가 많다.

③ 보통의 기질(또는 다소 느린 기질)

전체의 50%로 위의 두 가지 유형의 중간 정도에 해당한다.

두 심리학자는 아이의 기질을 활동 정도, 생활 리듬, 새로운 자극에 대한 흥미, 적응 능력, 반응의 정도, 기분의 질, 산만한 정도, 집중력 시간 등으로 판단했다.

나. 기질 체크리스트

아이의 기질이 어떤가를 점검해보고 싶다면 아래의 체크리스트를 활용해 보자.

<표 9-1> 기질 체크리스트

번호	문항	점수				
		5	4	3	2	1
1	아이의 행동 범위가 크지 않다.					
2	규칙적으로 먹고 자는 편이다.					
3	새로운 것에 쉽게 다가선다.					
4	환경 변화에 쉽게 적응한다.					
5	감정 기복이 심하지 않다.					
6	소리, 빛, 냄새, 온도 등 감각 자극에 민감하다.					
7	평소 기분이 대체적으로 좋다.					
8	주의가 산만하지 않다.					
9	관심이 있는 것에 집중력이 높다.					
10	호기심이 많다.					

문항은 자기 평가 문항으로 문항에 대한 일반적인 자기의 느낌을 5단계로 체크하도록 되어 있다. 각 문항에 대해 평상시 자신의 느낌이나 태도를 <전혀 아니다>에서 <아주 그렇다>까지 자신을 잘 나타내는 정도를 5단계로 솔직하게 모든 문항에 체크해야 한다.

점수 환산은 <전혀 아니다>는 1점, <약간 그렇다>는 2점, <대체로 그렇다>는 3점, <그렇다>는 4점, <아주 그렇다>는 5점으로 계산하여 각 점수를 합쳐 총점을 계산한다. 검사 시간은 10분이다. 검사 결과를 분석하는 방법은 다음과 같다.

30점 이상이면 매우 순한 아이로 흔히 손이 별로 가지 않는 아이라고 할 수 있다. 이 경우 부모의 반응은 자칫 무심한 양육태도를 취하기가 쉽다. 아이의 반응에 민감하게 반응하지 못해 아이의 문제 상황을 지나치기 쉽다. 손이 덜 간다고 그냥 내버려 둬선 안된다.

순한 아이는 혼자서도 잘 놀기 때문에 오히려 자극이 많은 환경을 만들어줘야 한다. 아이의 자율성은 최대한 허용하되 동시에 도전의식을 심어주는 것이 중요하다.

21~29점은 비교적 순한 아이로 대체적으로 순한 편이지만, 부모의 양육태도에 따라 까다로운 기질을 보일 가능성이 있다. 아이가 좋아하는 것, 적성 등을 잘 파악하고, 최대한 대화와 타협으로 키우는 것이 바람직하다.

15~20점은 까다로운 기질일 가능성이 높은 아이로 비교적으로 까다로운 기질에 속하기 때문에 부모와 충돌하는 경우가 자주 발생한다. 훈육을 할 때는 화를 내기보다 하나하나 설명을 해 아이가 납득할 수 있게 하는 것이 중요하다.

14점 이하는 매우 까다로운 아이로 먹고, 싸고, 자는 것 등 생물학적 리듬이 불규칙해 촉각이 예민해져 있다. 한 번 울면 달래기 힘들고 심하게 우는 편인데 커가면 나아지기는 하지만 원하는 대로 안되면 어디서든 울고 떼를 쓰는 아이가 대개 이 유형이다. 아이의 기질이 까다로운 만큼 부모의 육아 스트레스가 심해질 수 있으므로 무엇보다 부모의 정서적 안정이 굉장히 중요한 과제다.

먹고 재우고 목욕시키는 등 아이의 생활 리듬이 규칙적일 수 있게 도와주는 것이 우선이며, 부모의 일관적인 양육태도가 중요하다.

다. 기질에 따른 양육법

1) 짜증을 잘 내고 예민한 아이

주위 환경 변화에 민감하고, 감정 기복이 심한 편이므로 되도록 자극이나 변화는 조금씩, 천천히 줘야 한다. 아이의 몸과 마음이 편안하도록 일상생활이 규칙적으로 이뤄질 수 있게 하는 것이 무엇보다 중요하다. 남에게 피해를 주는 상황, 위험한 상황이 아닌 이상 우선 아이의 욕구를 충족시켜 주는 것에 집중하면 훈육할 상황을 줄일 수 있다.

① 훈육법

예민한 아이는 강하게 통제하기보다 부드럽게 대해야 아이가 말을 더 잘 알아듣는다. 아이가 흥분했을 때는 감정을 자극하지 않는 것이 좋다. 감정을 가라앉힐 때까지 기다렸다가 작은 목소리로 차분하게 아이의 잘못을 설명한다. 만약 아이의 행동에 엄마가 화가 나서 진정하기 힘들다면 잠깐 아이와 떨어져 있는 것이 좋다. 엄마 스스로도 마음을 다스린 후 마주해야 아이와 엄마 모두에게 좋다.

② 칭찬법

까다로운 아이일수록 새로운 것에 도전하려는 의지가 강하다. 엄마가 옆에서 지켜보면서 스스로 하고 싶은 아이의 욕구를 충족시켜주는 것이 좋다. 아이가 잘못하더라도 시도와 과정을 칭찬해 아이의 인정받고 싶은 욕구를 채워준다. 단, 부모의 기분이 내키는 대로 칭찬을 남발하지 않는다. 칭찬하되 칭찬하는 이유까지 설명해 주는 것이 좋다.

2) 산만한 아이

산만한 아이는 주변에 대한 지각 능력이 뛰어나 주의 집중을 지속하는 것이 어렵다. 복잡한 곳에 가야 한다면 아이를 충분히 돌볼 수 있을지, 아이의 행동에 대처할 수 있는 곳인지를 잘 판단해야 한다. 산만한 아이는 무언가를 할 때도 다른 기질의 아이보다 오래 걸린다. 밥을 먹다가도 밖에서 소리가 들리면 베란다로 달려가야 하기 때문이다.

아이가 한 가지에 집중할 수 있는 환경을 만들어 주고, 주어진 일을 다 끝마칠 때까지는 다른 일을 시키지 않는 등 집중력을 높일 수 있는 훈련을 꾸준히 하는 것이 좋다. 산만한 아이는 집중력이 떨어지는 대신 지각 능력이 뛰어나 보통 사람들이 보고, 듣고, 느끼지 못하는 것에 더 민감하다. 무조건 단점이라 생각하지 말고 창의력 높은 아이로 바라보는 엄마의 시선도 중요하다.

① 훈육법

아이와 눈을 마주치고 아이가 듣는 것을 확인한 후에 훈육한다. "~하지 마!" 보다는 "~를 하자!" 하고 긍정적으로 훈육을 해야 더 잘 따른다. 예를 들어 "뛰지 마!"가 아니라 "천천히 걸어!" 하고 얘기하는 식이다. 여러 가지 상황에 대해 훈육하지 말고 한 가지 주제만 다루는 것도 잊지 않는다.

② 칭찬법

아이가 산만하지 않은 모습을 보일 때 놓치지 않고 칭찬하면 주의집중력이 떨어지는 아이의 행동을 교정하는 데 효과적이다. 칭찬할 때는 장황하게 이유를 설명하기보다 "우와, 멋지다!", "다 했어? 잘 한다!" 식으로

짧고 명료하게 하는 것이 좋다.

4) 고집이 센 아이

고집이 센 아이는 하지 말라는 말이 잘 통하지 않을 뿐더러 요구 사항도 많다. 고집이 센 아이일수록 부모가 아이의 말을 경청하고 있다는 것, 아이의 의사를 들어주기 위해 노력하고 있다는 것을 알리는 것이 효과적이다. 이런 기질의 아이와는 싸우고 통제하겠다는 마음보다 협력해 나가야겠다고 마음먹는 것이 좋다.

① 훈육법

아이의 고집을 꺾는 것에 초점을 맞추지 말고 아이에게 필요한 훈육을 제대로 전달하는 것에 초점을 맞춘다. 즉, 아이에게 최종적인 동의를 강요하기보다 이해시키는 것이 중요하다. 붙잡고 앉아서 한참 동안 훈육하기보다 짧게 여러 번에 나눠서 훈육하는 것이 더 좋으며, 권유형의 훈육도 자주 한다. "~하지 않을래?"의 말투가 강압적인 말투보다 효과적이다. 고집 센 아이에게 가장 피해야 할 것은 일관성 없는 훈육이다. 가능한 것과 가능하지 않은 것을 구분해 인지시켜 고집을 부리지 못하도록 정해진 룰이 있다는 것을 알려줘야 한다.

② 칭찬법

다른 사람의 말을 잘 경청하거나 잘 따르는 모습을 보이면 바로 칭찬한다. 머리 쓰다듬기, 엄지손가락 치켜세우기 등의 행동을 함께 보여주면 칭찬의 효과가 더 높아진다.

07 | 아이의 공격적 행동 대처 요령

「가시소년」이란 그림책은 아이의 부정적인 성향이 생겨나는 원인을 잘 알려주고 있다.

가시소년은 사이좋게 놀고 있는 친구를 부러운 듯이 바라보다가 자신은 그 무리에 끼지 못해 속상한 마음을 거친 말로 마구 쏟아냈다 "시끄러워 이 바보들아" 친구들은 놀라 울음을 터뜨렸다.

소년은 자기를 빼고 서로 친하게 지내는 친구들에 대해 외로움과 소외감을 느껴 그 마음이 가시가 되었다. 그리고 자신의 마음도 몰라주고 야단만 치는 선생님을 미워하자 가시가 점점 크게 자라났다. 외로운 마음, 인정받고 싶은 마음이 만들어낸 가시였다.

집에 돌아와 자기보다 더 큰 소리로 싸우는 엄마, 아빠를 보자 더욱 날카로운 가시가 마음에서 자라났다. 부모님이 자기 때문에 싸우는 것 같은 불안하고 두려운 마음이 만들어낸 가시였던 것이다.

가시소년이 마음속의 가시를 키운 것은 더욱 날카로운 가시를 가지면 아무도 자신을 외롭고 불안하고 두렵게 만들지 않을 것이라고 생각하는 자기방어에서 기인한 것이다. 결국 가시소년은 사람과의 소통의 어려움, 그리고 자기를 방어하려고 가시를 스스로 만든 것임을 알게 해준다.

가시소년은 혼자 있는 것이 외로웠는지 자신의 문제를 인식하고 거기서 멈추는 것이 아니라 해결 방안을 모색하여 실천으로 옮긴다. 자신의 부족한 모습을 마주하는 건 유쾌한 일이 아니라서 힘들 수도 있지만 소년은 조금씩 나에 대해서 살펴보면서 자신을 변화시켰다

가. 아이의 공격적인 행동의 원인

① 감정을 적절히 표현하지 못할 때

아이는 자기가 표현하고 싶은데 뜻대로 되지 않을 때, 원하는 것을 얻지 못해 속상할 때, 자신의 감정을 적절하게 표현하는 방법을 모를 때 공격적인 행동을 나타낸다. 아이들은 고통스럽거나 마음이 힘들 때 이를 조절하지 못하게 되면 화라는 형태로 공격적인 행동을 하게 된다. 심지어는 다른 사람을 때리기도 한다.

② 미숙한 언어표현

또래보다 언어발달이 느린 아이들도 자신의 의사를 공격적인 행동으로 표현하게 된다. 자신과 함께 놀아주지 않는 친구 사이에 끼고 싶지만 뭐라고 표현해야할지 모르는 경우 친구를 때리거나 공격하는 행위로 자신의 마음을 표현하기도 한다.

③ 폭력적인 미디어에 노출

폭력적인 영상물에 지속적으로 노출되면, 자연스럽게 친구를 때려도 되고, 욕해도 된다고 인식하게 된다.

④ 선천적인 기질

선천적으로 예민한 기질이 있는 섬세한 아이는 작은 자극에도 민감하게 반응하는 경향이 있다. 화를 내지 않아도 되는 상황에도 화를 내거나 난폭하게 반응하게 된다.

나. 지도 방법

① 침착한 말과 행동으로 훈육하기

아이의 공격적인 행동에 대해서 바로 협박조로 말하거나 소리를 지르는 대응을 하지 말고, 아주 침착하게 대처해야 한다. 우선 부모의 감정을 먼저 가라앉힌 후 아이와 부드럽게 이야기를 나누는 것이 좋다.

② 공격적인 행동 하지 않기

아이에게 심한 꾸중이나 체벌을 하게 되면 아이는 부모도 폭력을 사용한다는 생각을 심어주게 되어 더욱 공격적인 행동을 가져오게 한다.

③ 공격적인 행동 일관되게 저지하기

부모의 양육은 일관되게 지속되어야 한다. 어떤 때는 방관하다가 어떤 때는 저지하게 되면 아이는 계속 공격적인 행동을 해도 된다는 생각을 갖게 된다.

④ 지속해서 알려주기

한 번의 설명이나 대화를 통해서 아이의 공격적 행동이 사라질 거라고 기대해서는 안 된다. 따라서 아이에게 공격적 행동의 문제와 다른 사람에게 피해를 입히는 것에 대해서 지속적으로 알려주어 공격적인 행동을 줄여나가야 한다.

⑤ 차분한 행동 강요

공격적인 행동을 하는 아이는 에너지가 넘치는 경우가 많은데 이러한 아이에게 조용한 활동을 강요하면, 아이는 에너지를 발산할 곳이 없어 오히려 심리적 불만이 쌓이게 된다. 이러한 경우 예체능 활동을 시켜 에너지를 발산시켜 주는 것이 좋다.

다. 공격 행동별 대응 방법

① 타인에게 신체적으로 공격하는 아이

아이의 잘못이 무엇인지 정확하게 알려주되 인격적인 모욕을 줄 수 있는 말은 삼가야 한다.

② 공격적인 언어를 사용하는 아이, 욕하는 아이

아이가 한 나쁜 언어를 부모가 반복해서 말하지 않아야 한다. 부모가 욕을 반복하면 아이의 욕설 사용을 강화하게 된다.

③ 충동적인 행동을 자주 보이는 아이

아이의 잘못된 행동은 분명히 야단을 맞더라도 아이가 사랑받고 있다는 느낌을 주는 것이 중요하다. "잠깐", "기다려"와 같은 말로 자녀가 자기 행동을 멈추고 스스로 조절할 수 있도록 도와주어야 한다.

08 ㅣ 화를 참아야 한다

우리가 살아가는 일상은 어찌 보면 온통 화낼 일들로 가득하다. 화는 내는 사람에게도 당하는 사람에게도 모두 불편하고 힘겨운 감정이다.

직장 다니는 엄마들은 회사 일과 가사노동을 병행하다 보니 아이를 제대로 돌보지 못한다는 불안감에 화가 난다. 전업 주부들은 전업 주부들대로 생활의 중심에 아이를 놓고 아이에게만 '올인'하다 보니 사사건건 화날 일이 많다.

부모의 육아스트레스는 영유아기에 집중되는 경향이 있다. 실제로 영유아기에는 강도 높은 육아 노동으로 육체적 피로와 정신적인 피해의식까지 겹쳐 증상이 더욱 가중 된다. 그래서 엄마들은 아이들에게 "넌 왜 늘 그 모양이니?", "내가 진짜 너 때문에 못 살아!" 이렇게 화풀이를 한다. 그러나 이렇게 내지르는 말들이 아이 마음에 얼마나 깊은 상처를 남기는지를 잘 모른다.

아마도 아이가 느끼는 엄마의 화는 아이에게 '엄마는 내가 미운가봐', '엄마 무서워', '엄마 그러지 마세요', '엄마 내가 미워요'라는 마음이 들게 한다. 결국 엄마의 화는 아이를 움츠러들게 한다.

아이에게 엄마는 세상의 전부인데 엄마가 화를 내면 아이가 있을 곳은 사라지는 것이고, 하늘이 무너지는 느낌을 받을 것이다.

아동 심리 전문가들은 아이를 향한 화는 참아야 한다고 말한다. 화를 잘 내는 부모 밑에서 자란 아이의 특성을 다음과 같이 이야기한다. 늘 남의 눈치를 살피는 경향이 있고, 항상 위축되고 긴장되어 있으며, 주도성이나 창의성이 부족하고, 공격적이거나 사소한 일에도 화를 잘 낸다고 말한다.

이러한 문제로 인하여 부모는 아이에게 화를 낸 것에 대해 반성과 다짐을 거듭하지만, 또 다시 일상을 살아가다 보면 마음을 다스리기가 쉽지 않다. 그러다 보면 순간 억울해지기도 한다. "왜 엄마에게만 다 참으라고 하지? 엄마도 사람인데 성인군자처럼 모든 걸 참는 건 불가능하다고!" 이렇게 항변하는 엄마들도 있다.

엄마가 정도는 심하지는 않더라도 우울하고 자신이 없고 불안한 성격이라면 아이의 정서발달에 나쁜 영향을 줄 수 있다. 부모의 육아스트레스로 인해 아이는 사랑을 듬뿍 받아야 할 시기에 사랑을 제대로 받지 못해 애착 형성에 문제를 보이고, 경우에 따라서는 발육이 늦어지거나 먹는 것을 스트레스를 해소해 비만이 되기도 한다.

부모가 아이에게 내는 화는 자칫 아이 자존감의 뿌리를 뒤흔드는 위협이 될 수도 있기에 더욱 위험하다. 이는 아이가 나중에 성장해서 사회생활을 하는데도 영향을 주게 된다. 그리고 아이가 어린 시절 받은 상처는 성인이 되어 치유하려면 오랜 시간과 많은 노력을 쏟아야 한다. 따라서 아이가 어릴 때부터 상처를 만들지 않는 것이 좋다.

아이의 미래가 걱정된다면 화를 내지 말아야 한다. 화가 난다면 다음과 같이 감정을 조절해야 한다.

1) 아이의 입장에서 생각한다

아이를 추궁하지 전에 부모가 먼저, '아이가 왜 거짓말을 했을까?', '무엇이 힘들어서 그랬을까?', '왜 학원에 가기 싫은 걸까?'를 생각해보고 아이의 입장을 이해하면 화가 사라지게 된다.

2) 화의 원인을 찾는다

부모가 화가 날 때는 화의 원인을 찾고, 아이와의 심리적 거리감을 유지하면서 분노의 감정을 바꾸면, 늘 폭발해버리는 엄마에서 가끔씩만 폭발하는 엄마로 얼마든지 바뀔 수 있게 된다.

3) 내 아이를 옆집 아이로 생각한다

내 아이니까 화가 나는 것도 옆집 아이로 생각하면 별일 아닌 것도 많다. 옆집 아이로 생각하게 되면 많은 화가 사라지게 된다.

5) 엄마의 솔직한 마음을 표현한다

부모가 화가 나면 아이들이 상처를 입고 힘들어 하기에 화를 내기 전에 먼저 아이들에게 "미안해, 정말 미안해. 그리고 사랑해!"라고 말하면 치솟았던 화가 사그라든다.

09 | 칭찬의 힘

칭찬은 좋은 점이나 착하고 훌륭한 일을 높이 평가하는 것을 말한다. 사람은 누구나 칭찬을 받으면 상대방에게 인정받고 있다는 생각에 기분이 좋아진다. 칭찬의 힘은 대단하다고 알려져 있다. '칭찬은 고래도 춤추게 한다'라는 말이 있듯이 칭찬은 불가능을 가능으로 만들기도 한다.

칭찬은 가장 빠르게 자신감과 행복감을 갖게 하고, 고통을 잊게도 하지만 자존감을 높이는데 매우 효과가 있다. 사람을 변하게 하는데 칭찬이 가장 좋다고 말하는 사람들도 있다.

의학적으로도 칭찬을 받으면 각종 면역강화 물질의 분비가 촉진된다는 보고가 있으며, 이는 다시 뇌로 피드백되어 불필요한 스트레스 호르몬의 분비를 억제시킨다. 그 결과 자율신경계가 편안해져 최적의 신체 상태를 유지하기 때문에, 건강한 몸을 유지할 수 있을 뿐만 아니라 목표 달성을 위하여 노력할 수 있는 자세를 만들어 주어 자존감 형성에 도움이 된다.

남이 나에게 해주는 칭찬도 좋지만 자신에게 스스로 칭찬하는 것도 자존감을 높이는데 좋은 효과가 있다. 남들에게 칭찬을 들으려면, 자신의 좋은 점이나 잘하는 것을 보여주고 칭찬해 주기를 기다려야 한다. 그러나 스스로 하는 칭찬은 언제든지 할 수 있으며, 별 다른 사전 행동이 없이도 가능하다. 사소한 것이라 할지라도 스스로 칭찬한다면 나 스스로 행복해 지게 된다.

칭찬이 중요한 이유는 여러 가지가 있지만, 우리 주위에는 칭찬의 힘으로 인생이 변화된 사람들이 수 없이 많기 때문에 아이들에게도 칭찬을 많이 해주는 것이 좋다.

「에드와르도 세상에서 가장 못된 아이」는 영국을 대표하는 일러스트레이터 존 버닝햄이 들려주는 칭찬의 위대함을 알려주는 책이다.

주인공 에드와르도는 평범한 아이였다. 그런데 에드와르도는 인형을 발로 차거나, 버릇없이 행동하다가 혼이 났다. 에드와르도는 혼내면 혼낼수록 더 못된 행동을 했다. 결국 에드와르도는 세상에서 제일가는 말썽장이로 인식되었다.

그러던 어느 날, 화분을 발로 찼는데 지나가던 어른이 정말 예쁘다며 다른 식물들도 좀 더 심어보라고 이야기한다. 칭찬이라는 걸 처음 받은 에드와르도는 식물을 기르기 시작했고 사람들은 정원 일을 부탁한다.

에드와르도가 어질러진 방에서 물건을 찾을 수 없자, 밖으로 던져버렸는데 우연히 창밖에 있던 구호물품 짐차로 던져지게 된다. 그래서 뜻하지 않는 칭찬을 받는다. 방이 깨끗해지자 다시 한 번 칭찬을 받는다. 심술쟁이 에드와르도가 어린아이를 밀었는데 그때 교실의 전등하나가 그 사이로 떨어져서 또 칭찬을 받는다. 결국 에드와르도는 세상에서 가장 사랑받는 아이로 변해갔다.

에드와르도는 가끔, 때때로 장난을 치고 심술을 부리는데 어른들은 그때마다 에드와르도를 혼내고, 급기야 이구동성으로 세상에서 제일 가는 말썽장이로 낙인을 찍었으며, 에드와르도는 더욱 나쁜 행동을 하게 된다. 이것에 대한 응답을 하듯이 에드와르도는 더 비뚤어지고 심술맞은 아이로 자란다. 그러나 에드와르도가 칭찬을 듣자 에드와르도는 나쁜 행동을 하나씩 고쳐가기 시작한다. 그만큼 칭찬은 사람을 변화시키는 강력한 능력이 있다.

부모들은 아이가 무엇인가를 진행하고 나면 바로 결과가 나오기를 원한다. 그리고 자신들이 기대하는 결과가 나오지 않으면 무엇인가 잘못되었다는 생각으로 불안해지게 되고, 다시 예전으로 되돌아가서 아이를 낙인찍어 버린다. 그리고 "그러면 그렇지 그럴 줄 알았어", "아무리 해도 달라지는 것이 없다"는 결론을 내린다. 그러면 아이는 상처를 입게 된다. 그러나 칭찬을 하게 되면 아이는 이전보다 변화된 행동을 보이고 그 변화된 행동에 아이를 대하는 어른들의 태도가 달라진 것이 더욱 더 아이를 변화시키게 된다.

칭찬이 좋다는 것은 다 알지만 칭찬을 잘하는 사람은 드물다. 칭찬을 해 보지 않던 사람이 어색하게 하면 오히려 역효과가 나는 경우도 있다. 칭찬은 받아 본 사람만이 할 수 있으며, 연습을 할수록 잘할 수 있다.

칭찬을 잘하는 방법은 다음과 같다.

1) 평범하고 하기 쉬운 칭찬부터 시작한다

칭찬의 시작은 가장 하기 쉬운 것부터 하는 것이다. 매번 잘해 오던 당연히 해오던 일이나, 그러려니 했던 사소한 일부터 하나하나 칭찬하는 것이 중요하다.

2) 왜 칭찬을 하는지 구체적인 이유를 말해 준다

칭찬을 할 때는 구체적으로 이유를 말해 주는 것이 중요하다. 자신이 어떤 이유로 칭찬받았는지 분명하게 알 수 있고 이후에도 같은 행동을 할 수 있는 동력이 될 수 있다.

3) 성공한 결과보다는 과정을 칭찬한다

결과에만 초점을 맞추어 칭찬하게 되면 왠지 모를 압박감에 초조함을 느낀다. 그리고 열심히 일을 수행하다가도 일이 제대로 성사되지 않으면 쉽게 좌절해 버려 일의 마무리조차 짓지 못할 수도 있다. 따라서 일의 성패를 먼저 논하기보다 긍정적으로 끝까지 해내는 자세가 중요하다는 것을 느낄 수 있도록 과정을 칭찬한다.

씨앗이 땅에서 썩어야만 열매를 맺을 수 있듯이 아픔의 과정이 없는 결과는 결코 좋은 결실을 맺을 수 없다. 설령 그 일이 만족스럽지 못한 결과를 가져왔더라도 과정과 경험을 통해 지혜를 얻고 새로운 도전을 다시 시작할 수 있게 된다.

예 결과를 중시한 칭찬 : "내가 목표를 달성하여 대견하게 생각한다"
과정을 중시한 칭찬 : "이렇게 목표를 달성한 것은 지금까지
열심히 노력한 대가이다"

4) 즉시 칭찬한다

칭찬에도 적절한 순간이 있다. 칭찬받을 행동을 했을 때 즉시 칭찬을 해 주는 것이 가장 좋고 효과도 크다. 즉시 칭찬하지 않고 한참 지난 후에 하게 되면 그 의미는 반감된다.

5) 스스로 한 일에 대해서는 더욱 많이 칭찬한다

누가 시키지 않았는데 본인 스스로 알아서 행동을 했을 때는 더욱 많이 칭찬한다. 이는 스스로에게 성공할 수 있는 능력이 커지고 있다는 증거이므로 최고의 찬사를 보내도 아깝지 않다.

6) 약속을 지켰을 때도 칭찬은 필수다

자신이 정한 약속을 잘 지켰을 때도 스스로 칭찬해 준다. 이러한 칭찬은 다음부터 약속을 더욱 잘 지키려는 마음을 갖게 한다.

위인들의 삶을 살펴보면 그들이 성공한 이유가 혼자만의 노력으로 이룩된 성과가 아니라는 것을 알 수 있다. 그들을 이끌어 주는 조력자와 더불어 그들이 전하는 참된 칭찬과 격려가 뒷받침되어 있다는 것을 알 수 있다. 따라서 칭찬은 평범했던 인생을 바꿔 놓기도 하는 마법의 언어이기도 하고, 사람이 갖고 있는 능력과 잠재력을 최대한 활용하도록 만드는 촉진제와도 같다.

부록

자존감 지도사 양성과정 (2일 과정)

□ 교육 내용

○ 교육 기간 : 20 년 월 일(토)~ 월 일(일) 오전 10:00~오후 18:00(총 15시간)

○ 교육 장소 :

○ 모집 인원 : 20명

○ 수 강 료 : 30만원(강의 교재, 자존감 향상 활동지, 자존감 카드, 자격증 발급비 포함)

□ 배 경

○ 자존감의 중요성 증가

○ 자존감 향상 프로그램의 필요성 증가

○ 자존감 향상 프로그램을 원하는 기관이 증가하고 있음

□ 필요성

○ 행복한 삶을 살기 위해서 자존감 증진 필요

○ 우울증, 스트레스, 자살 예방을 위한 자존감 향상 필요

○ 자존감에 대한 관심이 증가하고 있으나, 체계적인 프로그램이 없음

○ 행복한 삶을 사려는 사람을 위한 자존감 코칭이 절실히 필요함

○ 자존감 향상을 통한 사회적 병리 현상을 줄여야 함

□ 프로그램의 특징

○ 영아부터~노인에 이르기까지 수준에 맞는 자존감 향상 프로그램

○ 자존감 향상 활동지 및 카드는 게임을 통해 재미있게 자존감을 높일 수 있
   는 프로그램

○ 검사 도구의 검사 결과에 따라 수준에 맞게 적용이 가능함

○ 자존감 활동 후 검사지를 통해 사전과 사후를 비교하여 효과성을 검증할 수 있음

□ 모집 대상

○ 자존감 향상을 원하시는 분

○ 자존감 향상 활동지를 활용하고 싶은 분

○ 차별화 된 자존감 프로그램을 활용하고 싶은 분

○ 자존감 강사가 되고 싶은 분

○ 자존감 관련 전문적인 직업을 갖고 싶은 분

□ 세부내용

구분	시간	강의 제목	강의내용	강사
1일차	10:00~11:00	오리엔테이션 자존감 지도사의 역할과 비전	- 자존감의 정의 - 자존감 지도사의 역할 - 자존감 지도사의 비전	
	11:00~12:00	자존감의 정의와 필요성	- 자존감의 정의와 중요성 - 자존감의 필요성 - 낮은 자존감/ 자존감 수준	
	13:00~14:00	자존감의 종류	- 전반적 자존감/ 방어적 자존감 - 조건부 자존감/ 내외적 자존감	
	14:00~15:00	자존감과 유사한 용어	- 자존심/ 자만심/ 자기효능감 - 자부심/ 자긍심/ 자애심	
	15:00~16:00	발달단계에 따른 자존감	- 영아기/유아기/아동기의 자존감	

	시간	주제	내용	
	16:00~18:00		- 청소년기/성인/노인의 자존감	
2일차	10:00~11:00	자존감 형성 요소	- 자기 통제력/ 성취감 - 회복 탄력성/ 소속감	
	11:00~12:00		- 자아정체감/ 우울증 - 불안/ 윤리관/ 기타	
	13:00~14:00	장소에 따른 자존감	- 가정 자존감 - 학교 자존감 - 사회적 자존감	
	14:00~15:00	자존감을 높이는 방법	- 자성 예언/ 기대감/ 사랑 - 긍정/ 목표/ 도전	
	15:00~16:00		- 비교/ 자책/ 완벽 - 외모/ 칭찬/ 격려/ 건강 - 자존감 향상 활동지 실습	
	16:00~17:00	자존감 검사와 자존감 카드	- 자존감 검사 - 자존감 카드 활용	
	17:00~18:00	정리 및 질의 응답	- 프로그램 개발 컨설팅 - 일자리 창출 - 정리	

자존감 지도사 양성과정 : 지자체용

1. 사업 개요

☐ **사 업 명** : 자존감 지도사 양성 과정

☐ **교육 기간** : 20 년 월 일( )~ 월 일( ) 오전 09:00~오후 13:00

                    (총 10회 40시간)

☐ **교육 장소** :

☐ **모집 인원** : 30명

☐ **수 강 료** : 무료

☐ **소요 예산** : 자지체의 예산에 따라 변경

☐ **위탁 기관** :

☐ **사업 범위**

  ○ 교육프로그램 운영을 위한 전문 강사진 구성 및 섭외

  ○ 과정 신청자 상담 접수 및 교육생 선발

  ○ 과정 운영을 위한 전반적인 사항(교육장 준비, 강사 및 교육생 관리, 현수막 교재) 준비

  ○ 회차별 교육 진행 후 강사 및 강의 평가를 통한 만족도 조사

  ○ 학습 성과 제고를 위한 체계적인 학사관리

  ○ 사업 종료 후 15일 이내 결과보고서 및 사업 정산서 제출

2. 사업 목적

□ 배 경

   ○ 자존감의 중요성 증가

   ○ 자존감 향상 프로그램의 필요성 증가

   ○ 자존감 향상 프로그램을 원하는 기관이 증가하고 있음

□ 필요성

   ○ 행복한 삶을 살기 위해서 자존감 증진 필요

   ○ 우울증, 스트레스, 자살 예방을 위한 자존감 향상 필요

   ○ 자존감에 대한 관심이 증가하고 있으나, 체계적인 프로그램이 없음

   ○ 행복한 삶을 사려는 사람을 위한 자존감 코칭이 절실히 필요함

   ○ 자존감 향상을 통한 사회적 병리 현상을 줄여야 함

3. 사업 내용

□ 프로그램의 개발

   ○ 영아부터~노인에 이르기까지 수준에 맞는 자존감 향상 프로그램

   ○ 자존감 향상 활동지 및 카드는 게임을 통해 재미있게 자존감을 높일 수 있는 프로그램

   ○ 검사 도구의 검사 결과에 따라 수준에 맞게 적용이 가능함

   ○ 자존감 활동 후 검사지를 통해 사전과 사후를 비교하여 효과성을 검증할 수 있음

□ 프로그램의 운영

   ○ 지속적인 참여를 위한 체계적인 학사관리시스템 구축

○ 과정 진행 중 개인 면담을 통한 비전 설정

○ 수료 후 전부 취업할 수 있도록 맞춤형 진로 코칭

○ 특성시의프로그램으로 안착할 수 있도록 운영

□ 모집 대상

○ 자존감 향상을 원하시는 분

○ 자존감 향상 활동지를 활용하고 싶은 분

○ 차별화 된 자존감 프로그램을 활용하고 싶은 분

○ 자존감 강사가 되고 싶은 분

○ 자존감 관련 전문적인 직업을 갖고 싶은 분

□ 운영 인원

순서	구분	인원	업무
1	책임지도 강사	1명	전반적인 프로그램 운영
2	전문 강사	3명	수업 진행
3	보조 강사	1명	수업 보조

□ 홍보 계획

○ 관내 관련 기관에 수강생 모집 협조 공문 발송

○ 시청 홈페이지에 수강생 모집 홍보

○ 시청 관련 홈페이지에 수강생 모집 홍보

○ 관내 주민자치센터에 모집 홍보

○ 유관기관 및 관련 단체에 수강생 모집 협조

○ 현수막과 구전을 통한 홍보

□ 교육 일정

회차	일정	강의 제목	강의내용	강사
1	월 일	오리엔테이션 자존감 지도사의 역할과 비전	- 자존감의 정의 - 자존감 지도사의 역할 - 자존감 지도사의 비전	
2	월 일	자존감의 정의와 필요성	- 자존감의 정의와 중요성 - 자존감의 필요성 - 낮은 자존감/ 자존감 수준	
3	월 일	자존감의 종류	- 전반적 자존감/ 방어적 자존감 - 조건부 자존감/ 내외적 자존감	
4	월 일	자존감과 유사한 용어	- 자존심/ 자만심/ 자기효능감 - 자부심/ 자긍심/ 자애심	
5	월 일	발달단계에 따른 자존감	- 영아기/ 유아기/ 아동기의 자존감 - 청소년기/ 성인/ 노인의 자존감	
6	월 일	자존감 형성 요소	- 자기 통제력/ 성취감 - 회복 탄력성/ 소속감 - 자아정체감/ 우울증 - 불안/ 윤리관/ 기타	
7	월 일	장소에 따른 자존감	- 가정 자존감 - 학교 자존감 - 사회적 자존감	
8	월 일	자존감을 높이는 방법	- 자성 예언/ 기대감/ 사랑 - 긍정/ 목표/ 도전 - 비교/ 자책/ 완벽 - 외모/ 칭찬/ 격려/ 건강 - 자존감 향상 활동지 실습	

9	월 일	자존감 검사와 자존감 카드	- 자존감 검사 - 자존감 카드 활용방법 - 활동 실습	
10	월 일	정리 및 질의 응답	- 자존감 지도사 총정리 - 자존감 지도사 프로모션 - 정리 및 질의 응답 - 수료식	

자존감 지도사 양성과정 : 대학교 평생교육원용

□ 교육 내용

- ○ 교육 기간 : 20 년 월 일(화)~ 월 일( ) 오전 09:00~오후 13:00
  (총 15회 45시간)
- ○ 교육 장소 :
- ○ 모집 인원 : 30명
- ○ 수 강 료 : 30만원(강의 교재, 자존감 향상 활동지, 자존감 카드, 자격증 발급비 별도)

□ 배 경

- ○ 자존감의 중요성 증가
- ○ 자존감 향상 프로그램의 필요성 증가
- ○ 자존감 향상 프로그램을 원하는 기관이 증가하고 있음

□ 필요성

- ○ 행복한 삶을 살기 위해서 자존감 증진 필요
- ○ 우울증, 스트레스, 자살 예방을 위한 자존감 향상 필요
- ○ 자존감에 대한 관심이 증가하고 있으나, 체계적인 프로그램이 없음
- ○ 행복한 삶을 사려는 사람을 위한 자존감 코칭이 절실히 필요함
- ○ 자존감 향상을 통한 사회적 병리 현상을 줄여야 함

□ 프로그램의 특징

O 영아부터~노인에 이르기까지 수준에 맞는 자존감 향상 프로그램

O 자존감 향상 활동지 및 카드는 게임을 통해 재미있게 자존감을 높일 수 있
는 프로그램

O 검사 도구의 검사 결과에 따라 수준에 맞게 적용이 가능함

O 자존감 활동 후 검사지를 통해 사전과 사후를 비교하여 효과성을 검증할
수 있음

□ 모집 대상

O 자존감 향상을 원하시는 분

O 자존감 향상 활동지를 활용하고 싶은 분

O 차별화 된 자존감 프로그램을 활용하고 싶은 분

O 자존감 강사가 되고 싶은 분

O 자존감 관련 전문적인 직업을 갖고 싶은 분

□ 홍보 계획

O 관내 관련 기관에 수강생 모집 협조 공문 발송

O 시청 홈페이지에 수강생 모집 홍보

O 유관기관 및 관련 단체에 수강생 모집 협조

O 현수막과 구전을 통한 홍보

□ 세부내용

회차	일정	강의 제목	강사
1	월 일	오리엔테이션 / 자존감 지도사의 역할과 비전	
2	월 일	자존감의 정의와 필요성	
3	월 일	자존감의 종류	
4	월 일	자존감과 유사한 용어	
5	월 일	발달 단계에 따른 자존감 1	
6	월 일	발달 단계에 따른 자존감 2	
7	월 일	지존감 형성 요소 1	
8	월 일	지존감 형성 요소 2	
9	월 일	장소에 따른 자존감	
10	월 일	자존감을 높이는 방법 1	
11	월 일	자존감을 높이는 방법 2	
12	월 일	자존감을 높이는 방법 3	
13	월 일	자존감 검사와 자존감 카드 활용 방법	
14	월 일	자존감 향상 활동지 활용 방법	
15	월 일	컨설팅 및 정리	

자존감 지도사 양성과정 : 여성인력개발센터용

1. 사업 개요

☐ **사 업 명** : 자존감 지도사 양성 과정

☐ **교육 기간** : 20   년   월   일(화)~   월   일( )

　　　　　　 오전 09:00~오후 13:00(총 25회 100시간)

☐ **교육 장소** : 인력개발기관

☐ **모집 인원** : 30명

☐ **수 강 료** : 기관의 실정에 따라 변경

☐ **위탁 기관** :

2. 사업 목적

☐ **배 경**

　○ 자존감의 중요성 증가

　○ 자존감 향상 프로그램의 필요성 증가

　○ 자존감 향상 프로그램을 원하는 기관이 증가하고 있음

☐ **필요성**

　○ 행복한 삶을 살기 위해서 자존감 증진 필요

　○ 우울증, 스트레스, 자살 예방을 위한 자존감 향상 필요

◯ 자존감에 대한 관심이 증가하고 있으나, 체계적인 프로그램이 없음

◯ 행복한 삶을 사려는 사람을 위한 자존감 코칭이 절실히 필요함

◯ 자존감 향상을 통한 사회적 병리 현상을 줄여야 함

3. 사업 내용

□ 프로그램의 특징

◯ 영아부터~노인에 이르기까지 수준에 맞는 자존감 향상 프로그램

◯ 자존감 향상 활동지 및 카드는 게임을 통해 재미있게 자존감을 높일 수 있는 프로그램

◯ 검사 도구의 검사 결과에 따라 수준에 맞게 적용이 가능함

◯ 자존감 활동 후 검사지를 통해 사전과 사후를 비교하여 효과성을 검증할 수 있음

□ 프로그램의 운영

◯ 지속적인 참여를 위한 체계적인 학사관리 시스템 구축

◯ 과정 진행 중 개인 면담을 통한 비전 설정

◯ 수료 후 전부 취업할 수 있도록 맞춤형 진로 코칭

◯ ○○시의 특성화 프로그램으로 안착할 수 있도록 운영

□ 홍보 계획

◯ 관내 자존감 교육이 필요한 교육관련 기관에 수강생 모집 협조 공문 발송

◯ 시청 홈페이지에 수강생 모집 홍보

◯ 시청 관련 홈페이지에 수강생 모집 홍보

◯ 관내 주민자치센터에 모집 홍보

○ 유관기관 및 관련 단체에 수강생 모집 협조

○ 현수막과 구전을 통한 홍보

□ 교육 일정

회차	주제	강의 내용	방법
1	자존감의 정의	자존감 지도사의 비전과 전망	강의
		자존감의 정의	
		행복과 자존감	
		자존감이 높은 사람의 특징	
2	자존감에 대한 이해	낮은 자존감의 문제점	강의
		자존감이 낮아지는 이유	
		자존감과 유사 단어	
		자존심	
3	자존감과 유사 단어	자만심/ 자아효능감	강의
		자부심/ 자긍심/ 자애심	
		자존감의 종류/ 일반적 자존감	
		가정 자존감/ 학교 자존감	
4	자존감의 종류	자존감의 종류/ 전반적 자존감	강의
		방어적 자존감/ 조건부 자존감	
		내적 자존감/ 외적 자존감	
		정리 및 요약	
5	자존감의 발달과정 1	영아기의 특징과 자존감	강의
		유아기의 특징과 자존감	
		아동기의 특징과 자존감	
		청소년기의 특징과 자존감	

회차	주제	강의 내용	방법
6	자존감의 발달과정 2	성인전기의 특징과 자존감	강의
		성인후기의 특징과 자존감	
		노년기의 특징과 자존감	
		정리 및 요약	
7	자존감을 높이는 방법 1	자성예언하기	강의
		용기갖기	
		희망갖기	
		자신을 사랑하기	
8	자존감을 높이는 방법 2	긍정적으로 생각하기	강의
		목표를 세우기	
		도전하기	
		남과 비교하지 않기	
9	자존감을 높이는 방법 3	실수를 인정하기	강의
		완벽함에서 벗어나기	
		외모바꾸기	
		칭찬과 격려하기	
10	자존감을 높이는 방법 4	건강하게 살기	강의
		욕심버리기	
		성취감 느끼기	
		자아정체성 갖기	
11	자존감을 높이는 방법 5	좋은 친구사귀기/ 회복탄력성 높이기	강의
		열정갖기/ 스트레스 받지 말기	
		시간관리하기/ 포기하지 말기	
		노후준비하기	

회차	주제	강의 내용	방법
12	자존감 향상활동 지1	활동지 소개/ 지도방법/ 포기하지 말기	강의 실습
		자존감을 높이는 방법	
		행복목록/ 행복마인드맵	
		자성예언/ 나에 대한 기대감	
13	자존감 향상활동 지2	나의 자랑거리/ 자기 소개자료 만들기	강의 실습
		나의생의설계/ 나의인생곡선	
		나의버킷리스트/ 나의실수	
		나의완벽함/ 나의외모	
14	자존감 향상활동 지3	자기칭찬하기/ 자기격려하기	강의 실습
		나의자아정체성/ 나의효능감	
		나의장점과단점보완하기/ 나의지금감정찾기	
		감정읽기1/ 감정읽기2	
15	자존감 향상활동 지4	감정읽기3/ 감정읽기4	강의 실습
		나분석하기/ 내가되고싶은사람	
		성취감높이기1/ 성취감높이기2	
		주의집중력높이기1/ 주의집중력높이기2	
16	자존감 향상활동 지5	감동느끼기/ 공감느끼기	강의 실습
		공유하기/ 관심갖기	
		긍정적인마음갖기/ 긍지느끼기	
		기대감갖기/ 기쁨느끼기	
17	자존감 향상활동 지6	낙천적인마음갖기/ 다정해지기	강의 실습
		당당해지기/ 만족하기	
		믿음갖기/ 반가운마음갖기	
		보람느끼기/ 봉사하기	
18	자존감 향상활동 지7	사랑하는마음갖기/ 소통하기	강의 실습
		신뢰하기/ 열정갖기	
		용기갖기/ 이해하기	
		인내하기/ 인정받기	

회차	주제	강의 내용	방법
19	자존감 향상활동지8	자부심갖기/ 자신감갖기	강의 실습
		적극적으로살기/ 존중받기	
		친절해지기/ 협동하기	
		희망갖기/ 최종정리	
20	자존감카드 활용하기 1	자존감 카드 구성	강의 실습
		자존감 카드 활용방법 1	
		자존감 카드 활용방법 2	
		자존감 카드 활용방법 3	
21	강사트레이닝	강의를 빛나게 하는 강의전략 및 교수법	강의 실습
		강의를 더욱 풍요롭게 하는 교수법	
		강의 효과를 높이는 핵심 강의전략	
		창의력과 상호작용을 높이는 교수법	
22	강사트레이닝	강의에 날개를 달아 주는 스피치	강의 실습
		강의에 보약이 되는 보디랭귀지	
		강사의 비언어적 커뮤니케이션	
		강의 옷차림 등 강사의 이미지메이킹	
23	검사지를 통한 진단 실습	검사지를 통한 진단 실습1	강의 실습
		검사지를 통한 진단 실습2	
		검사지를 통한 진단 실습3	
		검사지를 통한 진단 실습4	
24	실전 모의 강의1	실전 모의 강의 및 피드백1	실습
		실전 모의 강의 및 피드백2	
		실전 모의 강의 및 피드백3	
		실전 모의 강의 및 피드백4	

회차	주제	강의 내용	방법
25	정리 및 수료	1:1 개인코칭	강의
		강사 프로모션	
		과정 정리 및 평가	
		수료식	

자존감 캠프 제안서

1. 프로그램 운영 개요

☐ 목적

- ○ 행복한 삶을 살기 위해서 자존감 증진 필요
- ○ 우울증, 스트레스, 자살 예방을 위한 자존감 향상 필요
- ○ 자존감에 대한 관심이 증가하고 있으나, 체계적인 프로그램이 없음
- ○ 행복한 삶을 사려는 사람을 위한 자존감 코칭이 절실히 필요함
- ○ 자존감 향상을 통한 사회적 병리 현상을 줄여야 함

2. 과정 운영방법 및 추진 전략

☐ 운영 방법

- ○ 한국여행치료협회 프로그램 운영
- ○ 1일 통학형 캠프 프로그램으로 진행

☐ 운영 일시

- ○ 일정 : 20 년 월 일( )
- ○ 운영시간 : 오전 08:30~오후 22:00(8시간)
- ○ 대상 : 0학년 00명
- ○ 운영 장소 : 각반 교실

□ 프로그램 특징

○ 교육프로그램 운영을 위한 전문 강사진 구성 및 섭외

○ 과정 운영을 위한 전반적인 사항(교육장 준비, 강사 및 교육생 관리, 현수막 교재) 준비

○ 교육 진행 후 강사 및 강의 평가를 통한 만족도 조사

○ 학습 성과 제고를 위한 체계적인 학사관리

○ 프로그램 운영 보고서, 사진 파일, 동영상 제공

□ 추진 일정

단계	내용	기간	담당
준비단계	사업 계획 수립	20XX. 5	학교, 위탁업체
	사업 추진 검토	20XX. 5	학교
실행단계	사전 설문	20XX. 5	학교
	학생, 학부모 의견수렴	20XX. 5	학교
	프로그램 운영	20XX. 6. 13	위탁업체
평가단계	프로그램 만족도 분석	20XX. 6. 13	위탁업체
	보고서 제출	캠프 종료후	위탁업체

2. 세부 프로그램

시간	프로그램 내용	강사
08:30~09:20 1차시	오리엔테이션 자존감 특강	
09:30~10:20 2차시	자존감의 정의와 필요성 자존감의 종류	
10:30~11:20 3차시	자존감 검사 및 수준별 분류 자아정체성 진단	
11:30~12:20 4차시	나의 기대감 찾기 자신의 장점 찾기/ 나의 자랑거리 찾기	
12:20~13:20	점심 식사	
13:20~14:10 5차시	나의 생애 설계하기/ 나의 인생 곡선 그리기 나의 버킷 리스트 작성하기	
14:20~15:10 6차시	자아효능감 높이기/ 성취감 높이기 긍정심 갖기	
15:20~16:10 7차시	대인관계 자존감 형성을 위한 단체 활동 자존감 카드	
16:20~17:10 8차시	자성 예언하기 / 소감문 작성 및 발표 수료식	

참고 문헌

가브리엘 벵상 저 김미선 역(1996). 시메옹을 찾아 주세요. 시공주니어.

강민지(2013). 어머니의 양육태도가 유아의 기본생활습관에 미치는 영향. 서울교육대학교 교육대학원 석사학위논문.

강밀아(2011). 착한 아이 사탕이. 글로연.

강해주(2014). 동화를 연계한 기본생활습관 실천 활동이 만 3세 유아의 기본생활습관 및 친사회적 행동에 미치는 영향. 아주대학교 석사학위논문.

고숙희(2013). 감정코칭을 활용한 그룹코칭프로그램이 어머니의 정서지능 및 의사소통에 미치는 영향. 광운대학교 교육대학원 석사학위논문.

권자경(2021). 가시 소년. 천개의 바람.

권정생(1996). 강아지똥. 길벗어린이.

김인자(1984). 인간관계와 자기표현. 중앙적성출판사

김민정(2007). 그림책을 통한 기본생활 습관 활동이 만 4세 유아의 정서지능에 미치는 영향. 중앙대학교 대학원 석사학위논문.

김선혜(2006). 유아의 자기조절능력과 관련 변인들과의 관계성 연구. 원광대학교대학원 석사학위논문.

김세령(2012). 동화를 활용한 통합교육활동이 유아의 기본생활습관과 자아존중감에 미치는 영향. 국민대학교 교육대학원 석사학위논문.

김세희(2000). 유아와 교사를 위한 문학교육. 서울: 양서원.

김세희, 현은자(1995). 어린이 세계와 이야기책. 서울: 양서원.

김신영(2009). 동화를 통한 기본생활습관 변화에 대한 연구. 육아지원연구, 4(1), 23-46.

김정희 외(2012). 사례로 풀어보는 감정코칭. 경상남도교육청.

김종남(2012). 감정코칭 부모교육 프로그램이 자녀 교육방식에 미치는 효과. 경남대학교 교육대학원 석사학위논문.

김혜음(2012). 기본생활습관 동화를 활용한 이야기나누기 활동이 유아의 주도성 및 자기효능감에 미치는 영향. 동국대학교 교육대학원 석사학위논문.

노인경(2016). 곰씨의 의자. 문학동네.

더글라스 우드 저, 최지현 역(2006). 잃어버린 진실 한 조각. 보물창고.

마성애(2012). 정서 및 문제 행동 유아의 관계형성과 소통을 위한 감정코칭의
　　효과. 숭실대학교 대학원 석사학위논문.

맥 버넷(2014). 샘과 데이브가 땅을 팠어요. 시공주니어.

맥스 루케이도(2002). 너는 특별하단다. 고슴도치.

마키타 신지 저, 유문조 역(2018). 틀려도 괜찮아. 토토북.

미셸 누드슨 저, 홍연미 역(2018). 도서관에 간 사자. 웅진주니어.

박문희(2010). 그림책을 통한 감성교육 프로그램이 만 5세 유아의 정서 지능 및
　　사회적 행동에 미치는 영향. 경기대학교 교육대학원 석사학위논문.

박선희·이송은(1998). 유아를 위한 문학활동. 정민사.

박연주(2013). 감정코칭프로그램이 초등학생의 자기조절력, 자아존중감 및 대인
　　관계능력에 미치는 영향. 경상대학교 교육대학원 석사학위논문.

박지은(2012). 감정코칭을 활용한 부모교육프로그램이 양육효능감과 부모－자녀
　　간의 의사소통에 미치는 영향. 경기대학교 교육대학원 석사학위논문.

박현주(2014). 나 때문에. 이야기꽃.

백성희(2017). 감정코칭이 만3세 유아의 자기조절력에 미치는 영향. 아주대학교
　　교육대학원 석사학위논문.

백희나(2014). 알사탕. 책 읽는 곰.

서울특별시유아교육진흥원(2012). 감성역량강화 프로그램. 서울특별시유아교육
　　진흥원.

손영희·김관희(2015). 감정코칭 프로그램이 유아의 사회적 능력에 미치는 효과.
　　한국아동교육학회, 24(2), 249－264.

송혜영(2006). 유아의 정서·행동 자기조절에 영향을 미치는 관련 변인. 경북대학
　　교 대학원 박사학위논문.

양옥승(2004). 유아 때부터 시작하는 자유선택활동. 서울: 학지사.

양옥승(2006). 3－6세 유아의 자기조력 측정 척도 개발. 미래유아교육학회지,
　　13(2), 161－187.

양유진(2010). 그림책을 활용한 이야기나누기가 유아의 자기조절력에 미치는 영
　　향. 덕성여자대학교 석사학위논문.

양희선(2014). 역할극을 활용한 기본생활습관교육이 유아의 기본생활습관과 자

기 조절력에 미치는 영향. 전남대학교 석사학위논문.

앤서니 브라운 저, 허은미 역(2008). 너도 갖고 싶니?. 웅진주니어.

연현정(2016). 감정코칭에 기초한 기본생활습관지도가 만 3세 유아의 친사회적 행동에 미치는 영향. 중앙대학교 교육대학원 석사학위논문.

유인숙·김민화(2016). 그림책을 활용한 감정코칭 부모교육 프로그램의 효과. 어린이문학교육연구, 17(2), 한국어린이문학교육학회.

윤애희(1992). 유아교육현장에서의 기본생활습관교육. 서울: 한국어린이육영회.

윤은경·이미나(2012). 유아의 기본생활습관 노래활동이 유아의 기본생활습관 형성과 도덕적 행동에 미치는 효과. 한국보육학회지, 12(4), 229-247.

이경우·장영희·이차숙·노영희·현은자(1997). 유아에게 적절한 그림책. 서울: 양서원.

이규연(2012). 감정코칭 프로그램이 아동의 자기 조절력, 자기 격려 및 사회적 기술에 미치는 효과. 대전대학교 석사학위논문.

이상금·장영희(2001). 유아문학론(개정판). 교문사.

이세림(2011). 생활동화를 통한 통합교육활동이 만3세반 유아의 기본생활습관 및 주도성에 미치는 영향. 성신여자대학교 석사학위논문.

이수진(2012). 존 가트만의 감정코치법이 유아기 자녀를 둔 부모의 양육효능감에 미치는 영향. 계명대학교 대학원 석사학위논문.

이숙희·강병재(2002). 유아의 기본생활습관과 유아의 발달 수준과의 관계. 열린유아교육연구, 7(2), 243-258.

이순천(2012). 유치원에서의 기본생활습관교육이 유아의 일상생활습관 형성에 미치는 영향. 경상대학교 석사학위논문.

이원영·방인옥·박찬옥(1992). 유치원의 기본생활 교육에 관한 연구. 유아교육 연구회, 13(1), 71-89.

이윤옥(2013). 이야기 그림책에 기초한 감정코칭 활동이 만 5세 유아의 사회적 기술과 자아탄력성에 미치는 영향. 유아교육교원학회, 17(4), 163-183.

이정란(2003). 유아의 자기조절 구성요인 및 관련변인에 대한 구조분석. 덕성여자대학교 박사학위논문.

이정연(2000). 감성교육프로그램의 적용이 유아의 정서지능과 사회적 능력에 미치는 영향. 계명대학교 교육대학원 석사학위논문.

장갑수(2015). 성경에 기초한 기본생활습관 형성 프로그램이 유아의 도덕적 행동으로서 배려행동 및 자기조절력에 미치는 효과. 중앙대학교 박사학위논문.

장미희(2015). 생활그림책을 활용한 이야기나누기활동이 유아의 기본생활습관형성과 또래관계에 미치는 효과. 신한대학교 석사학위논문.

장 피에르 케를로크(2006). 내 그림자에 오줌 싸지 마!. 문학동네.

장수진(2016). 통합적 기본생활습관 활동이 유아의 기본생활습관 및 학교 준비도에 미치는 영향. 서울교육대학교 교육전문대학원 석사학위논문.

전영숙(1997). 유아기 기본생활습관 형성. 경기교육, 134(4), 82-85.

정미숙(2016). 감정코칭을 활용한 프로그램이 아동의 자기조절력 향상에 미치는 효과. 목포대학교 대학원 석사학위논문.

정은주(2005). 유아의 행동, 정서적 자기조절능력에 영향을 미치는 변인연구. 서울 여자학교대학원 박사학위논문.

정정여(2010). 유아의 기본생활습관형성프로그램이 자아존중감에 미치는 영향. 대구대학교 석사학위논문.

조미숙(2015). 그림책을 활용한 감정코칭이 만2세반 영아의 정서조절과 또래상호작용에 미치는 효과. 총신대학교 석사학위논문.

조엘 오스틴(2005). 긍정의 힘. 두란노.

존 버닝햄 저 이주령 역(1996). 알도. 시공주니어.

존 버닝햄 저, 조세현 역(2006). 에드와르도 세상에서 가장 못된 아이. 시공주니어.

최덕규(2015). 거북아, 뭐 하니?. 시공주니어.

최민수·김명복(2012). 유아교육기관 유아의 기본생활습관과 자기조절력과의 관계. 미래유아교육학회지, 19(1), 359-382.

최성애·조벽(2012). 교사와 부모들을 위한 청소년 감정코칭. 해냄.

최숙희(2011). 엄마가 화났다. 책읽는곰.

천성문외(2019). 인간관계와 정신건강. 학지사.

키티 크라우더 저, 김영미 역(2018). 메두사엄마. 논장

퀸틴 블레이크 저, 김경미 역(2005). 내 이름은 자가주. 마루벌.

필리파 레더스 저, 최지현 역(2012). 까만 토끼. 알에이치코리아.

하정희(2012). 교사 및 상담자의 감정코칭: 교사(상담자) 자신의 감정에 대한 이해와 학생들을 위한 감정코칭 기법. 한국카운슬러협회. 47(1), 371-388.

한국유아교육학회(1999). 유아교육사전 용어편. 서울: 한국사전연구사.

홍경자(2014). 자기주장의 심리학. 학지사.

홍서영(2016). 감정코칭에 의한 정서, 행동장애 위험 유아의 분노표현 변화. 중앙대학교 대학원 석사학위논문.

Blair, K. A.(2001). Emotional regulation and aggression; A function of coping style and emotionality. Unpublished doctoral dissertation, George Mason University.

Bodrova, E., & Leong, D. J.(1996). Tools of mind: A Vygotskian approach to Early Childhood Education. Englewood Cliffs, NJ: Prentice Hall.

Bronson, M. B.(2000). self-regulation in early childhood: Nature and Nurture. NY: The Guilford.

Cole, P. M.(1986). Children's spontaneous control of facial expressions. Child Development, 57, 1309-1321.

Gottman, J. M.(1998). Raising an Emotionally Intelligent Child. New York: Simon & Schuster. 정창우 역(2007). 존카트맨식 감정코칭법. 고양: 인간사랑.

Gottman, J. M., 최성애, 조벽(2011). 내 아이를 위한 감정코칭. 서울: 한국경제 신문사(한경비피)출판사.

Humphrey, C. C.(1982). Children's and teacher's perspective on children's self-control: The development of two rating scales. Journal of Consulting & Clinical Psychology, 50, 624-633.

Kopp, C. B.(1982). Antecedent of Self-Regulation: A Developmental Perspective. Developmental Psychology, 18(2), 199-214.

Lengua, L. J.(2002). The contribution of emotionality and self-regulation to the understanding of children's response to multiple risk. Child Development, 73, 144−161.

Vygotsky, L. S.(1962). Thought and language. Cambridge, MA: MIT press.

저자 소개

김진녀

저자 김진녀는 서울벤처대학원대학교에서 복지상담학과 박사 학위를 취득하고, 경남정보대학교 교수, 여주대학교 평생교육원 상담전문과정 교수, 강원대학교 평생교육원 학교폭력예방사과정 교수, 세계사이버대학교 초빙교수로 활동 중이고, 한국청소년상담학회 수련감독과 다올심리상담센터장으로서, 심리상담 프로그램을 개발하여 보급하고 있다.

전국의 초중고등학교, 대학교, 평생교육원, 기업체에서 관리자와 부모, 학생들 대상으로 심리상담과 부모교육, 관계 향상 프로그램을 진행하고 있으며, 한국 심리상담의 발전을 위해 노력하고 있다.

연락처 : hebziba@naver.com

나를 찾아 떠나는 자존감

초판1쇄 인쇄 - 2021년 10월 20일
초판1쇄 발행 - 2021년 11월 10일
지은이 - 김진녀
펴낸이 - 허정문
펴낸곳 - 주식회사 한국스마트치료협회
인천광역시 서구 염곡로464번길15. 802호
전화 070-5168-2024 / 팩스 050-7534-5220
e-mail - wisdomlab.corp@gmail.com
등록번호 - 제 2020-000047호

ISBN 979-11-972871-4-5(03180)

값 15,000

wisdom Lab 은 한국스마트치료협회의 출판브랜드입니다.